HÉLÈNE DROUARD

200 MOTS SAVANTS
POUR PARAÎTRE INTELLIGENT ET CULTIVÉ

FIRST
ÉDITIONS

ISBN : 978-2-412-05611-0
Dépôt légal : mai 2020
Imprimé en France par Normandie Roto Impression s.a.s. (2001347)

Correction : Anne-Lise Martin
Mise en page : Emilie Guillemin

Éditions First, un département d'Édi8
92, avenue de France
75013 Paris
Tél. 01 44 16 09 00 / Fax 01 44 16 09 01
Courriel : firstinfo@efirst.com / Internet : www.lisez.com

AVANT-PROPOS

« Le plus grand chef-d'œuvre de la littérature n'est jamais qu'un dictionnaire en désordre. »

Jean Cocteau

J'ignore si ce livre sera considéré comme le plus grand chef-d'œuvre de la littérature (!), mais vu qu'il s'agit effectivement d'un dictionnaire en désordre, je me dis que c'est déjà un bon début, à en croire l'auteur des *Enfants terribles* !

Présenté comme un lexique, ce recueil de 200 mots rares, littéraires ou désuets, se distingue de ses homologues* de par son ton décalé – particulièrement inhabituel pour un ouvrage dit « de référence ». Un dictionnaire est traditionnellement un ouvrage didactique sérieux, voire aride, que l'on compulse lorsqu'on cherche le sens d'un mot et que l'on s'empresse de refermer une fois la définition trouvée. Son but est purement utilitaire.

Alliant justement l'utile à l'agréable, la particularité de celui-ci est d'être, avant tout, un « dictionnaire à lire ». Ses définitions sont plus proches de chroniques chaleureuses et humoristiques à savourer que de froides descriptions, certes précieuses, mais purement factuelles.

J'ai voulu rédiger un dictionnaire à mon image : facétieux et indiscipliné, différent de ses honorables et sages confrères. Feuilletez-le au gré de vos envies. N'hésitez pas à l'emporter partout où bon vous semble, même aux toilettes ! Je vous le promets, je ne serai pas vexée, et c'est statistiquement le lieu préféré des Français pour lire. Ici, ni pédanterie, ni austérité, mais – vous l'aurez compris – un zeste de provocation et une grosse louche d'espièglerie !

COROLLAIRE

(n.m. – latin* corollarium*, « petite couronne ») s'emploie pour une proposition qui découle à titre de conséquence immédiate d'une autre déjà démontrée : ce théorème a pour corollaire que... Comme tout le monde sait : « Le théorème d'Al-Kashi a pour corollaire le théorème de Pythagore. » Par extension, on utilise le terme pour qualifier une vérité qui découle d'une autre, une conséquence nécessaire, une suite naturelle : tu oublies les nombreux problèmes corollaires à ta solution.

« L'extension des droits politiques ne résout pas le problème de l'organisation ; elle en est le corollaire plutôt que le principe ou le moyen. »

***De la création de l'ordre dans l'humanité*, P.-J. Proudhon**

Encore, par extension, il s'agit du prolongement d'une réflexion antérieure, d'un argument supplémentaire à l'appui d'une affirmation.

LE SAVIEZ-VOUS ?

La corolle est l'ensemble des pétales d'une fleur. En orthographe traditionnelle, donc non réformée, le mot s'écrit avec un seul R et deux L. Il est licite* toutefois de l'écrire avec un seul L, de nos jours. Tout comme *coroLaire*, d'ailleurs. Pourquoi ne l'ai-je pas dit ? Parce que je trouve ça moche. « C'est pas très scientifique comme argument ? » Peut-être, mais c'est le corollaire direct du fait de ne pas l'évoquer plus tôt. Enfin, si *corol(l)e* est féminin, pétale est masculin (latin *petalum*, du grec *petalon*, « feuille »).

* Voir Licite page 111.

TRUCHEMENT

(n.m. – arabe* turdjumān, *« interprète ») désigne le fait de servir d'intermédiaire entre plusieurs interlocuteurs. Par exemple, dans ma jolie région, l'Alsace, recourir au truchement d'un Bas-Rhinois pour comprendre un Haut-Rhinois est illusoire. L'expression courante *par le truchement de* signifie « par l'intermédiaire de ». À l'origine, un truchement était un interprète traducteur. C'est devenu la personne qui parle à la place d'une autre, qui exprime sa pensée, son porte-parole.

Attention ! Si le sens premier de « interprète » a vieilli et si le mot s'emploie aujourd'hui par le truchement de la locution *par le truchement de* (non, ce n'est pas un doublon !), évitons le pléonastique « par le truchement d'un interprète ».

PARANGON

(n.m.) se dit d'un modèle, d'un type accompli. On cite souvent en exemple un *parangon de vertu* au sens de « modèle, représentant typique ». Quand il s'agit d'un être humain, un parangon est une personne unique en son genre grâce à ses qualités exceptionnelles. Mozart fut le parangon du prodige, Léonard de Vinci, le parangon du peintre intellectuel...

Mais le sens peut être parfois ironique et peu positif. Connaissez-vous « Le Gymnaste » de F. Ponge ? Voici un extrait de ce poème du *Parti pris des choses* :

« Pour finir il choit parfois des cintres comme une chenille, mais rebondit sur pieds, et c'est alors le parangon adulé de la bêtise humaine qui vous salue. »

Le gymnaste est ici déshumanisé pour devenir le summum de la bêtise, le *parangon*.

ÉTIOLOGIE

(n.f. – latin* aetiologia*, du grec* aitiologia*) désigne l'étude des causes et des facteurs d'une maladie ainsi que des processus par lesquels elles agissent :

« L'étiologie du cancer, c'est-à-dire l'étude des conditions qui permettent, favorisent ou même déterminent l'éclosion du cancer, a fait, dans ces dernières années, de grands progrès. »

Nouveau traité de médecine, G. Roussy

Le terme s'emploie parfois, par extension, pour désigner ces causes elles-mêmes :

« Il traîne un violent rhume de cerveau et ne se lasse pas d'en esquisser l'étiologie : "Nous habitons dans un trou. La maison est mal exposée [...]". »

Le Désert de Bièvres, G. Duhamel

Si vous n'aimez pas le mot *étiologie*, vous pouvez le troquer contre son synonyme l'*étiopathogénie*. Vous voyez, finalement, *étiologie* n'est pas si mal...

LE SAVIEZ-VOUS ?

Pour rester dans le domaine médical : si votre médecin vous dit que vous souffrez d'une maladie *idiopathique*, il n'est pas forcément en train de vous dire que vous être atteint d'idiotie profonde. Lorsqu'une maladie ou un état pathologique n'ont pas de cause connue, on dit qu'ils sont *idiopathiques* (du grec *idios*, « particulier », et de *pathos*, « maladie »). Néanmoins, vous avez raison ! Un idiot peut souffrir de maladie idiopathique. (Non, je vous rappelle qu'on n'a pas le droit de citer de noms...)

DANTESQUE

(adj.) signifie « propre à la poésie de Dante » ou, par extension, « qui rappelle le caractère (terrifiant, grandiose, etc.) de *La Divine Comédie* de Dante » : une vision dantesque de l'avenir. Les synonymes vous parlent peut-être davantage : *apocalyptique, effroyable, abominable, épouvantable.*

Considérée comme l'un des chefs-d'œuvre de la littérature, *La Divine Comédie* est l'œuvre la plus célèbre de Durante degli Alighieri dit « Dante » (1265-1321) et l'un des plus importants témoignages de la civilisation médiévale. Le récit poétique relate un périple imaginaire qui conduisit Dante à travers les trois royaumes des morts : l'Enfer, le Purgatoire et le Paradis.

« Mais, fascinés par le spectacle dantesque qui se déroulait sous leurs yeux, ils prenaient beaucoup de risques. »

Extrait du *Monde* de septembre 1992

LE SAVIEZ-VOUS ?

La Divine Comédie inspira au fil des siècles de nombreux artistes (peintres, écrivains, compositeurs...) qui y ont trouvé une source d'inspiration inépuisable pour produire des œuvres souvent sombres et torturées. Auguste Rodin passera ainsi une bonne partie de sa vie à sculpter une représentation de la fameuse « Porte des Enfers ».

LÉNIFIANT

(part. prés. et adj.) est un terme utilisé en médecine, signifiant « qui calme la douleur ». Ses synonymes sont *adoucissant, balsamique, calmant, lénitif* (plus usuel, paraît-il).

« Première visite de M. Deschaumes. Il n'approuve pas la saignée que demandait ma femme et ordonne des lénifiants »

***Journal,* J. Michelet**

Vous allez peut-être imaginer que je vous raconte des salades, mais, d'après mes recherches, *balsamique* serait également un synonyme de *lénifiant.* Je vois bien la notion de baume et de *balsam* qu'on retrouve dans la langue de Goethe, mais spontanément, moi, ça me fait plutôt penser au vinaigre « balsamique ». Larousse explique pour *balsamique* : « Qui a les propriétés et, en particulier, l'odeur du baume ; parfumé. » Voilà le lien ! Bon, de là à se parfumer au vinaigre...

Au sens figuré, *lénifiant* signifie « qui rassérène ». Si, comme moi, vous n'arrivez jamais à écrire et encore moins à prononcer ce mot, je vous donne une astuce : penser à un mot de sa famille. Non, pas de VOTRE famille ! Quoique certaines soient sûrement sereines... mais de la famille de *rasséréner*, donc *serein* ou *sérénité*. Quoi qu'il en soit, des propos lénifiants sont destinés à calmer, à apaiser.

Une question existentielle me taraude désormais, le proverbe : « On n'attrape pas les mouches avec du vinaigre ! » prend-il en compte le vinaigre balsamique ?

MANSUÉTUDE

(n.f.) désigne la disposition d'esprit qui incline à la douceur, la patience, au pardon : faire preuve de mansuétude à l'égard de quelqu'un ; une mansuétude infinie ; être plein de mansuétude ; respirer la mansuétude... J'ai cherché des exemples parlants : en fait, c'est tout moi !

« Elle regardait les papillons sur les fleurs, mais ne les prenait pas ; les mansuétudes et les attendrissements naissent avec l'amour, et la jeune fille [...] a pitié de l'aile du papillon. »

***Les Misérables*, V. Hugo**

Par analogie, le mot signifie également « douceur, calme, sérénité » : une mansuétude habituelle.

PÉRIPATÉTICIENNE

(n.f.) vient du verbe grec *peripateîn*, « se promener ». Quel est le point commun entre une grue et le philosophe péripatéticien Aristote ? Non, je vous arrête tout de suite, rien à voir avec les pères divorcés retranchés en haut d'une grue pour avoir été privés de leurs enfants. « Parce qu'il faisait le pied de grue ? » Pas vraiment, puisque le propre de l'école péripatéticienne, l'école philosophique fondée par Aristote en 335 avant J.-C. au lycée d'Athènes, tire son nom du fait qu'il enseignait en marchant avec ses élèves. Vous êtes manifestement dans une mauvaise passe... La grue dont il est question ici est une... prostituée. *Péripatéticienne* étant un synonyme de *prostituée*, « qui fait le trottoir », tel Aristote qui déambulait.

PUSILLANIME

***(adj. et n. – latin ecclésiastique* pusillanimus*, du latin classique* pusillus animus*, « esprit mesquin »*) signifie « qui est timide, qui craint le risque, les responsabilités ; qui manque d'audace, de courage, de fermeté ». Les synonymes sont pléthore et plus ou moins sympathiques : *craintif, irrésolu, peureux, pleutre, timide, timoré, capon, couard, faible, frileux, froussard, lâche, poltron...*

« Moi, je suis tourmentée parce que Maurice veut aller faire un tour en Afrique [...]. Mais je ne le lui dis pas beaucoup ; car il ne faut pas rendre les enfants pusillanimes par contre-coup [...]. »

Correspondance, G. Sand

On l'emploie comme substantif pour une personne ayant ce tempérament, ce caractère, voire ce défaut :

« Le précédent [...] est la routine. C'est le symbole même de la loi du moindre effort, la solution idéale des paresseux et des sclérosés, des pusillanimes et des passéistes »

Chroniques de l'homme maigre, P. Morand

Attention à l'orthographe et à la prononciation ! Le S se prononce comme dans *fusil*, et les deux L comme dans le mot *ville*.

A contrario, allez savoir pourquoi, ce terme m'a remis en mémoire le poème de Jean Cocteau que je vous livre ici :

**« Soyons courageux
Soyons courageux, soyons fous,
Jamais aucune économie
Jamais se demander jusqu'où,
La sagesse est une momie. »**

ALACRITÉ

(n.f.) est emprunté au latin *alacritas* qui signifie « ardeur, entrain ». Que du positif donc ! Et pourtant, on imagine souvent quelque chose de désagréable lorsqu'on entend « alacrité ». On peut supposer aisément que la proximité sonore avec « âcreté » n'y est pas pour rien. En même temps, *âcreté* signifie au figuré « acrimonie, amertume, rancœur », ce qui n'a rien de très positif !

Comment se souvenir alors que l'alacrité est – elle – au contraire délicieuse ? Par son anagramme, *lactaire* ! Le lactaire est un champignon des bois dont certaines espèces sont comestibles, notamment le « lactaire délicieux » !

Quant à l'âcreté, on l'écarte* !

« Les portes de la voiture avaient claqué sur les aboiements de Lola, la chienne qui frétillait aux pieds du maître, bridée par lui, empêchée de flairer et de fêter les étrangers, comme elle aimait à le faire, accorte, la gueule fendue d'un sourire rose et blanc, saisie d'une irrépressible alacrité dès lors qu'un véhicule daignait s'arrêter dans la cour et y déverser sa précieuse cargaison. »

L'Annonce, M.-H. Lafon

* Anagramme.

PROLIXE

(adj.) signifie « qui est trop long dans ses discours ou ses écrits ; bavard », « qui se perd dans des développements inutiles et des digressions » : un écrivain prolixe.

« L'orateur prolixe, comme la mèche d'une chandelle, perd sa clarté en s'allongeant. »

Bluettes et boutades, J. A. Petit, dit John Petit-Senn

Bon, ben si c'est comme ça, je m'arrête là !

DÉFÉRENCE

(n.f.) désigne la considération qu'on témoigne à quelqu'un. Il s'agit d'une marque de respect, d'un égard : écouter, saluer, traiter avec déférence ; témoigner de la déférence. On est à l'opposé de l'effronterie, l'impertinence, l'impolitesse, l'insolence, l'irrespect, ou encore l'irrévérence.

« Par conviction et par calcul, on a longtemps attribué au pouvoir une origine, à l'élite des droits qui justifiaient les hiérarchies. L'édifice de ces conventions s'écroule à force de lézardes. Dans leurs croyances vacillantes, leurs traditions exsangues, leur loyalisme épuisé, les contemporains ne trouvent plus le goût de l'antique déférence, ni le respect des règles d'autrefois. Nos dieux sont décrépits et la misère en tombe. »

Le Fil de l'épée, C. de Gaulle

HAGIOGRAPHIE

(n.f.) : H, comme Hélène, et je n'ai pas eu encore eu le temps de vous parler de moi ! Je suis née un samedi matin à Neuilly-sur-Seine. Ma vie ne fut pas un long fleuve tranquille, mais elle m'a permis d'atteindre, en toute modestie je dois dire, une sorte de quasi-perfection morale. Je suis une personne hors du commun exempte de défauts. Oui, je sais, c'est assez rare ! De fait, je suis un exemple pour vous tous ! Mais je ne m'en glorifie pas, ce n'est pas mon genre, vous l'aurez compris ! De toute façon, je n'ai pas grand mérite, je suis née comme ça. Pour moi, l'essentiel n'est ni les honneurs ni la réussite, mais l'amour et le service des autres. J'ai réalisé de grandes choses ! D'ailleurs, même mon quotidien est un miracle, quand on voit mes créations culinaires. Je suis tout bonnement exceptionnelle !

Bon, je vais m'arrêter là, j'ai bigrement mal aux chevilles et je crois que tout le monde aura compris ce qu'est une *hagiographie*. Une *hagiographie* est, au sens courant et figuré, une biographie exxxxxxxcessivement embellie. Le sens premier du mot est celui de « science qui concerne le récit de la vie des saints » (les vrais !).

Pour ce qui est de ma biographie, on l'a perdue dans un déménagement récent. C'est dommage, hein !

Il paraît que je suis mauvaise joueuse, mais, vous, vous n'êtes pas comme ça : reconnaissez que je vous ai bien eu(e) !

PLÉONASME

(n.m. – bas latin* pleonasmus, *du grec* pleonasmos, *« excès ») est une répétition dans un même énoncé de mots ayant le même sens, soit par maladresse (monter en haut), soit dans une intention stylistique (« Je l'ai vu, dis-je, vu, de mes propres yeux, vu », Molière).

L'emploi de pléonasmes trouve souvent son origine dans l'oubli du sens premier d'un mot. On peut citer parmi les plus fréquents : *panacée universelle* (la panacée est – par définition – universelle), *hémorragie sanguine* (*hémorragie* désigne un écoulement de sang hors des vaisseaux sanguins...), mais aussi l'épouvantable mais néanmoins récurrent *au jour d'aujourd'hui* (*hui* signifiant « en ce jour »), *une heure de temps, un forum de discussion, repousser à une date ultérieure, descendre en bas, la marche à pied, prédire à l'avance, opportunité à saisir* (être une occasion à saisir est le principe même de l'opportunité...), *principal protagoniste, tri sélectif, taux d'alcoolémie* (l'alcoolémie étant le taux d'alcool dans le sang), *opposer son veto* (lorsqu'on *pose un veto*, c'est qu'on est déjà clairement opposé à ce qui est proposé), *vivre sa vie* (vous me direz, c'est plus sympa que vivre sa mort !), *s'avérer vrai, voire même* et pourquoi pas carrément *comme par exemple, geler de froid* (même avec le dérèglement climatique, on n'est pas près de geler de chaleur !).

EMPATHIE

(n.f. – calque de l'allemand* Einfühlung*) est défini par Larousse comme la « faculté intuitive de se mettre à la place d'autrui, de percevoir ce qu'il ressent ». Il ne faut pas la confondre avec la sympathie. La différence entre empathie et sympathie touche à leur nature même. Alors que la sympathie est une relation affective, l'empathie est une relation cognitive (qui se rapporte à la faculté de connaître). La fonction de l'empathie est de nous permettre de savoir et de comprendre les autres et de nuancer notre point de vue en y intégrant celui des autres. On est tolérants et bienveillants grâce à cette fameuse empathie. Elle permet de créer des liens affectifs et de partager ses émotions. On peut néanmoins se demander légitimement : « Quelle est notre capacité réelle à comprendre l'autre ? » Même si je doute fort qu'on obtienne un jour une réponse...

LE SAVIEZ-VOUS ?

Je suis également l'auteure du *Décodeur des pervers narcissiques* (First). J'ai eu l'occasion d'étudier l'empathie, mais aussi l'absence d'empathie que l'on retrouve chez le pervers narcissique. Ce vampire affectif est totalement dénué d'empathie et raffole justement des profils hyper-empathiques facilement culpabilisables et exploitables. Prudence donc, si vous faites partie des empathes et autres hypersensibles !

APOCRYPHE

(adj. et n.m. – du grec* apokruphos, *« secret ») se dit de tout écrit qui – se présentant comme un livre inspiré de Dieu – ne fait pas partie du canon biblique. *Apocryphe* désigne, par extension, ce qui n'est pas authentique, ce qui est faux : un testament apocryphe. Ses synonymes sont *controuvé* (de l'ancien français *controuver*, « inventer »), *prétendu, supposé*... On a parfois tendance à confondre *anonyme* et *apocryphe*. *Anonyme* signifie « dont on ne connaît pas l'auteur ». Par exemple, une lettre *anonyme* est non signée, mais authentique, tandis qu'une lettre *apocryphe* sera une missive à l'origine fort douteuse. En tous les cas, si votre pire ennemi vous envoie une carte d'anniversaire, méfiez-vous ! Plusieurs hypothèses sont alors possibles : soit ce n'est pas de lui et c'est apocryphe, soit c'est bien de lui et c'est hypocrite.

Le mot est joliment employé par Balzac parlant d'un vin à l'étiquette falsifiée :

« [...] **depuis son jeune âge, Corentin avait appris à tirer d'un aubergiste des choses plus essentielles que des plats douteux et des vins apocryphes.** »

***Splendeurs et misères des courtisanes*, H. de Balzac**

On l'utilise également en littérature pour les citations à l'origine incertaine : « Il ne faut pas bannir les cons. Le con permet de voir que nous le sommes moins que lui. Il est *renar*...cissisant » (citation attribuée à Jules Renard*).

* Créée de toutes pièces par H. Drouard, à fin pédagogique.

ARGUTIE

(n.f.), dans de rares cas, désigne un raisonnement ingénieux :

« Tortillé et précieux, doctoral et complexe, Hello, par les pénétrantes arguties de son analyse, rappelait à Des Esseintes les études fouillées et pointues de quelques-uns des psychologues incrédules du précédent et du présent siècle. »

À rebours, J.-K. Huysmans

Mais le plus souvent, il est péjoratif et désigne une subtilité excessive d'argumentation dont on use pour pallier la faiblesse, le vide ou la fausseté de la pensée :

« Je me croyais un grand observateur parce que je réfléchissais beaucoup. Les arguties de mes analyses m'en cachaient la fausseté. »

Le Disciple, P. Bourget

Ainsi, on dit : se perdre en arguties, être rompu aux arguties, s'enfoncer dans les arguties, se rendre coupable d'argutie. Plus particulièrement, il s'agit d'une argumentation spécieuse pour abuser d'autrui : des arguties de mauvaise foi.

Pour se souvenir de la prononciation [arguSSie], il suffit de penser à la phrase « Ça me scie de voir qu'un argus* (homme très clairvoyant) se laisse aussi facilement berner par de telles arguties ! » OK, je viens de l'inventer, mais elle est sympa quand même !

Trêve d'arguties ! Le mot suivant est en train de perdre son calme !

* Dans la mythologie grecque, Argus, fut un géant aux cent yeux auquel la déesse Héra, épouse de Zeus, avait assigné la tâche de surveiller Io, dont elle était jalouse.

ATERMOIEMENT

(n.m.) désigne en droit commercial un délai accordé à un débiteur par son créancier pour se libérer de ses dettes « au cas d'impossibilité démontrée de payer à échéance ».

« Quant à l'atermoiement fin février et fin avril, M. Victor Hugo ne l'accepte pas. Une affaire ajournée n'est point une affaire finie. »

Correspondance, V. Hugo

L'expression est aujourd'hui souvent utilisée au pluriel au sens d'« action de différer, retarder ; hésitation » : des atermoiements sans fin ; tenter de chercher des atermoiements.

« Quels ménagements n'avons-nous pas eus pour ce Jaurès ; quels atermoiements ; quels désarmements nous-mêmes. Quels délais ne lui avons-nous pas accordés. Quelles rémissions ; quels ajournements. »

L'Argent, Ch. Péguy

« Mais comme il faut choisir, et parce que le recours à la force rend stupide, il y a beau temps que les violents sont menés par les négociateurs ; les replis, les détours, les hésitations, les atermoiements, au cours de cette victoire inévitable de ceux qui savent composer, c'est ce qui fait le tissu de l'histoire. »

Propos, Alain

L'infinitif *atermoyer* me fait penser à *tergiverser*, c'est-à-dire « user de détours, de faux-fuyants, pour éviter de dire nettement quelque chose, pour retarder une décision » : « Madame Drouard, répondez-moi sans tergiverser ! Avez-vous fini ou non de rédiger vos définitions !? » Oups !

BÉOTIEN

(n.m. et adj.) nous vient de la Grèce antique. À l'origine, un Béotien est un habitant de la Béotie, une région grecque très montagneuse, dont la ville principale était Thèbes. Les Béotiens avaient auprès des intellectuels athéniens une réputation de peuple inculte, lourdaud et peu raffiné. Le terme qualifie depuis un personnage lourd ayant peu de goût pour les disciplines intellectuelles, peu ouvert aux lettres et aux arts. On peut également l'utiliser pour parler d'une personne profane dans un domaine : être béotien en littérature. Les cruciverbistes savent qu'il en existe de nombreux synonymes plus ou moins sympathiques : *barbare, arriéré, brut, vandale, grossier, profane, commun, rudimentaire, sommaire, primitif, rude, imparfait, bestial, fruste, rustre, impoli, philistin*... Son antonyme est *atticisme*.

Attention ! À la fin du mot, *tien* se prononce [sien].

LE SAVIEZ-VOUS ?

À propos de synonymes, quelle différence faites-vous entre *rustre* et *fruste* ?

Rustre est un adjectif et un nom (du latin *rusticus*, « rustique ») signifiant « qui est grossier, manque d'éducation, de délicatesse » : ce garçon est un rustre.

Quant à *fruste* (italien *frusto*, « usé », du latin *frustum*, « morceau »), il signifie « dont le relief est grossier, la surface rugueuse » ou, pour une personne, « dont le comportement ou le discours manque de finesse » : un marbre encore fruste ; un paysan fruste.

Vaut-il mieux être fruste ou rustre ? Je l'ignore, je ne fréquente que des gens hautement raffinés !

PRÉTOIRE

(n.m. – latin **praetorium**, *de* **praetor**, *« préteur »)* désigne à l'origine le camp d'un général. Il s'agissait aussi de l'emplacement où se trouvait la tente, la résidence du général :

« Le prétoire du camp romain, avec son tribunal et son *auguraculum*, était un carré de deux cents pieds »

Histoire romaine, t. 1, J. Michelet.

On parle également de « prétoire » pour la garde personnelle de l'empereur. Son synonyme, dans ce contexte, serait *cohorte* ou *garde prétorienne*.

« À la voix des tribuns, on voit autour du trône
Les soldats du prétoire en cercle se ranger »

Odes et ballades, V. Hugo

En droit, il s'agit de la salle d'audience d'un tribunal :

« Les mots probité et intégrité résonnent depuis des siècles sur les murs endurcis des prétoires, sans empêcher les juges prévaricateurs et les arrêts iniques »

Mauprat, G. Sand

Attention ! Ne pas confondre deux mots qui ne se distinguent que par l'accent, aigu pour l'un, circonflexe pour l'autre : *préteur* (magistrat romain) et *prêteur* (personne qui prête).

BON À SAVOIR

Pour ceux qui s'intéressent à la justice, « Dans le prétoire » (le vendredi à 6 h 45) est une émission de France Inter sur le décryptage d'un procès, une loi, une enquête, une affaire, un point de l'actualité judiciaire en trois minutes.

NUBILE

(adj. – latin* nubilis, *de* nubere, *« se marier ») a pour sens « qui est en âge d'être marié ». Les synonymes sont *mariable, pubère* (qui a atteint l'âge de la puberté).

« Mme Druel-Dethieux promenait impunément par le monde ses deux filles nubiles. »

***Devenir*, R. Martin du Gard**

L'article 16 de la Déclaration universelle des droits de l'homme adoptée par l'Assemblée générale des Nations unies, le 10 décembre 1948, affirme :

« À partir de l'âge nubile, l'homme et la femme, sans aucune restriction quant à la race, la nationalité ou la religion, ont le droit de se marier et de fonder une famille. Ils ont des droits égaux au regard du mariage, durant le mariage et lors de sa dissolution. Le mariage ne peut être conclu qu'avec le libre et plein consentement des futurs époux. La famille est l'élément naturel et fondamental de la société et a droit à la protection de la société et de l'État. »

LE SAVIEZ-VOUS ?

L'âge nubile est l'âge autorisant le mariage. En 2005, l'âge minimum légal pour le mariage des jeunes femmes est passé de 15 à 18 ans. Dans le Code civil napoléonien, en vigueur depuis 1804, l'âge minimum du mariage était de 18 ans révolus pour les hommes, mais de trois ans de moins pour les femmes.

ERRATIQUE

(adj. – latin* erraticus, *« vagabond ») peut être attribué à une personne qui erre, qui n'a pas de localisation fixe. On parle ainsi d'animaux, d'oiseaux erratiques. N'allez pas pour autant imaginer votre chat erratique ! C'est un autre processus qui est en œuvre chez le matou dit domestique. Il teste juste différentes « cantines » voisines avant de s'installer définitivement dans votre 3 étoiles. Il sera de toute façon beaucoup moins « erratique » l'hiver, et sachez tout de même que, quoi qu'il arrive, vous êtes chez lui. *Erratique* possède un sens spatial, mais aussi temporel quand il signifie « qui n'est pas constant, qui est discontinu, intermittent ». Les médecins parlent de fièvre erratique :

« Ces fièvres sont les unes périodiques et régulières [...] les autres sont irrégulières et erratiques ; elles reviennent sans ordre fixe, et souvent leurs accès ne se ressemblent ni pour la force et les symptômes qui les accompagnent, ni pour leur durée. »

***Manuel de médecine pratique*, É.-L. Geoffroy**

On peut également utiliser l'adjectif au sens plus général de « qui est instable, ne manifeste aucune tendance cohérente ; aléatoire » : les mouvements erratiques du dollar.

La seule chose qui ne soit pas erratique avec ce mot est son orthographe ! Comme pour *errer* et *errance*, ne faites pas l'erreur d'oublier un R ! Vous seriez obligé alors de publier un eRRatum.

MUTIQUE

(adj.) pourrait faire penser à des « mutants », les personnages fictifs de roman, de film, etc., qui ont subi une mutation, ces êtres supérieurs ou monstrueux de science-fiction. Il n'en est rien ! Néanmoins, on adorerait presque que les gens soient mutiques, notamment dans le bus ou dans les repas de famille imposés.

Le mutisme (ou la mutité) est ordinairement une suite de la surdité de naissance. Il peut également être un trouble psychiatrique lorsqu'une personne qui, ne présentant aucune lésion des organes de la phonation ni des centres nerveux du langage, ne fait pas usage de la parole. Par extension, au sens courant, on parle de l'attitude mutique d'une personne qui est habituellement silencieuse ou qui, dans des circonstances particulières, s'abstient volontairement de parler : le jeune homme est demeuré mutique durant sa semaine de garde à vue.

LE SAVIEZ-VOUS ?

Attention à l'expression *sourd-muet* mal utilisée. La surdimutité est quelque chose de très précis qui correspond à la mutité provoquée par une surdité congénitale ou apparue dans les premières années de la vie. Trop souvent, nous utilisons *sourd-muet* pour désigner une personne sourde. Pourtant, être muet et être sourd sont deux handicaps différents, et souffrir des deux est très rare. Ne soyez donc plus étonné qu'un sourd sache parler. Et, moi, si je pouvais être entendue...

BIFIDE

(adj.) s'emploie en botanique, à propos d'une partie de fleur ou de feuille, qui est plus ou moins fendue dans le sens de la longueur : « l'aiguille bifide des pins » (*La Naissance du jour,* Colette).

Quand on parle d'un organe, il signifie « qui est naturellement ou accidentellement fendu sur une partie de sa longueur » :

« La bête [...] projetait en avant la fine langue bifide frétillante. »

De Goupil à Margot, L. Pergaud

« Elle avait aussi de minuscules trous de nez, ma vipère, et une gueule étonnante, béante, en corolle d'orchidée, avec, au centre, la fameuse langue bifide – une pointe pour Ève, une pointe pour Adam [...]. »

Vipère au poing, H. Bazin

LE SAVIEZ-VOUS ?

Je voudrais tout d'abord m'excuser auprès des bactéries. Je sais, ça peut paraître loufoque, mais « Bifidus actif » fut un des surnoms joyeux que j'avais donnés à un enseignant totalement dénué d'empathie. À ma décharge, je ne connaissais rien aux probiotiques et j'ignorais même à l'époque qu'il puisse y avoir des bactéries bénéfiques ! *Mea maxima culpa* !

Pourquoi « bifide », d'ailleurs ? En fait, le nom *Bifidobacterium* a été attribué à cette bactérie par Ehrenberg en 1838 en raison de sa morphologie bifide en Y (du latin *bifidus*, « fendu en deux », et *bacterium*, « bâton »).

CARABISTOUILLES

(n.f.) s'emploie essentiellement au pluriel. Invité sur le plateau de Jean-Pierre Pernaut en avril 2018 « pour répondre aux questions que les Français se posent », le président de la République Emmanuel Macron s'est écrié : « Il ne faut pas raconter de carabistouilles à nos concitoyens ! » (à propos des dotations aux petites communes).

Savait-il qu'il s'agit d'un belgicisme ? Né dans le plat pays, le mot *carabistouilles* signifie « balivernes », « sornettes » ou encore « calembredaines ». J'ai, à cette occasion, trouvé un point commun entre Emmanuel Macron et moi : nous affectionnons tous les deux les mots un tantinet désuets (me faire penser à lui envoyer mon livre !). *Carabistouilles* serait, selon certains, dérivé de la contraction des deux termes *cara* et *bistouille*, « mauvais alcool ». Le suffixe *-ouille* indiquant un usage dans le langage argotique, voire populaire. Néanmoins, il ne s'agirait pas de nous prendre pour des niquedouilles : plus on cherche, plus on voit clairement que l'origine de *cara* reste obscure et que ce n'est pas OK*. Je suis d'accord, le jeu de mots est osé, mais je ne suis pas à une *carabistouille* près !

* Karaoké.

TRIBULATIONS

(n.f.pl. – bas latin* tribulatio, *« tourment ») s'emploie pour une suite d'aventures plus ou moins désagréables, de revers, d'obstacles surmontés : vous n'êtes pas au bout de vos tribulations !

Tribulations m'évoque inévitablement Jules Verne et ses *Tribulations d'un Chinois en Chine* dans lesquelles Kin-Fo, ruiné, contracte une assurance-vie en faveur de sa fiancée et de Wang, son ami, à qui il demande de le tuer dans un délai de deux mois, tout en lui confiant une lettre qui l'innocentera. Léger problème : Kin-Fo recouvre sa fortune et veut vivre, mais Wang a disparu ! Kin-Fo n'a pas d'autre solution que de se lancer à la recherche de son ami.

ÉNURÉTIQUE

(adj.) qualifie une personne, généralement un jeune enfant, souffrant d'énurésie (du grec *enoureîn*, « ne pas pouvoir retenir son urine »). Il s'agit de l'émission d'urine involontaire et inconsciente chez un enfant de plus de 5 ans ne souffrant pas de lésion organique des voies urinaires. Un synonyme est *incontinence urinaire*.

L'*énurésie* est le terme médical pour désigner le « pipi au lit ». Involontaires, ces mictions arrivent pendant le sommeil et notamment la nuit. Plusieurs causes peuvent être à l'origine des pipis au lit des enfants.

AMPHITRYON

(n.m.) vient du nom d'un prince thébain, mari d'Alcmène, qui, dans l'*Amphitryon* de Molière, donne un grand repas aux officiers de son armée. Par allusion à deux vers de la comédie : « Le véritable Amphitryon / Est l'Amphitryon où l'on dîne », ce mot désigne une personne chez laquelle ou aux frais de laquelle on dîne.

Rien à voir avec un *amphictyon*, qui fut un membre d'une *amphictyonie* (fédération de cités grecques à caractère religieux). Je suis bien d'accord avec vous, ce mot est totalement inutile, sauf si vous êtes un adepte du Pendu ou du Scrabble© ! Attention là aussi, comme pour *amphitryon* : d'abord I, puis Y (ne pas les intervertir !).

« Mon parrain découpait lui-même les grosses pièces et servait en faisant parvenir les parts à ses invités, vieil usage, suivi autrefois dans les meilleures maisons. Le prince de Talleyrand, réputé pour le plus accompli des amphitryons, en usait de la sorte. Il découpait lui-même les viandes et en faisait passer une part à chacun en mesurant la civilité de l'offre au rang des convives. »

***La Vie en fleur*, A. France**

DISSENTIMENT

(n.m. – moyen français* dissentir*, d'après* sentiment*) désigne un désaccord plus ou moins grave provenant de la rencontre d'idées ou de sentiments différents : un dissentiment d'opinion.

« J'aimerais à causer sans cesse avec toi malgré nos dissentiments qui sont de dialectique et non de cœur. »

***Correspondance*, A. de Lamartine**

J'ai découvert cette autre citation, qui, j'avoue, m'a fait sourire :

« C'est que Mme Daudet est pour les liaisons de cœur à perpétuité, mariages ou autres, et ensuite, que, dans tout dissentiment amoureux, elle attribue la culpabilité toujours à l'homme. »

***Journal*, E. de Goncourt**

LE SAVIEZ-VOUS ?

Un dissentiment a pour synonyme *dissensus*, qui est tout simplement le contraire de *consensus* !

FACTOTUM

(n.m. – latin* fac totum, *« fais tout ») est un terme littéraire qui signifie « personne qui s'occupe un peu de tout » (et, soyons un peu honnête : en particulier, des travaux considérés comme mineurs, là où vous bossez le plus et où vous gagnez le moins...) : le gardien sert parfois de factotum. Un bon synonyme serait *intendant*.

Je ne sais pas pourquoi, mais je ne peux m'empêcher de penser aux femmes. Le factotum par essence ne serait-il pas une femme ? C'est en train de changer, qu'on se le dise... Néanmoins, d'après une étude récente : près d'une femme en couple sur deux estime que son conjoint ne s'implique pas assez dans l'organisation des tâches ménagères. Pourtant, 57 % des femmes interrogées attendent du soutien de sa part, car ce sont elles qui, majoritairement, achètent les fournitures de la rentrée, inscrivent les enfants dans les activités périscolaires, supervisent les devoirs et passeront des heures à constituer des dossiers pour décrocher le bon club ou collège. Intendantes, chefs de projet, directrices de la logistique de la maison, ambassadrices de la famille, ce sont elles aussi qui invitent parents et copains à dîner, qui gèrent les cadeaux de Noël, d'anniversaire...

LE SAVIEZ-VOUS ?

Ce mot latin est francisé et donc prend un pluriel classique avec un S : des *factotums*.

ÉCORNIFLEUR

(n.m.) se dit d'une personne qui se procure par ruse ce qui est nécessaire à son existence. Par analogie, on l'utilise aussi pour certains animaux :

« Outre ses habitants légitimes, la termitière héberge un nombre considérable d'écornifleurs. »

La Vie des termites, M. Maeterlinck

Par extension, un écornifleur est une personne qui profite d'une situation :

« Le prédécesseur [du capitaine Caillon] paisible parasite du budget, avait été, en somme, assez doux. Cet écornifleur administratif laissait aller les choses, soucieux seulement de toucher son traitement. »

Le Coupable, F. Coppé

On le retrouve aussi bien dans des buffets que dans des romans tels que *L'Écornifleur* de J. Renard qui raconte l'histoire d'Henri, un parasite qui parvient à se rendre indispensable à une famille de bourgeois crédules. Comme la musique adoucit les mœurs, je vous propose de terminer avec Georges Brassens et son *Cocu* :

**« Eh ! oui, je suis cocu, j'ai du cerf sur la tête
On fait force de trous dans ma lune de miel
Ma bien-aimée ne m'invite plus à la fête
Quand ell' va faire un tour jusqu'au septième ciel
Au péril de mon cœur, la malheureuse écorne
Le pacte conjugal et me le déprécie
Que je ne sache plus où donner de la corne
Semble bien être le cadet de ses soucis
Les galants de tout poil viennent boire en mon verre
Je suis la providence des écornifleurs [...] »**

COLLATÉRAL

(adj. – latin médiéval* collateralis*, de* lateralis*, « latéral ») signifie « qui est placé de chaque côté de quelque chose » : un boulevard et ses rues collatérales. Au sens juridique, les *collatéraux* sont les parents d'une personne qui ne font pas partie des individus appartenant à la ligne directe : les frères et sœurs, les oncles et tantes et leurs descendants, cousins et cousines. À ne pas confondre avec les « pièces rapportées », qualificatif péjoratif utilisé, par exemple, par une belle-mère pleine d'affection envers sa belle-fille. Certaines belles-mères ayant un sens de l'humour et de l'affection bien à elles…

Sinon, il existe quelques expressions courantes avec *collatéral*, comme *victime collatérale* ou *dommage collatéral*. Par exemple, les enfants sont malheureusement trop souvent des victimes collatérales des conflits armés. Quant au dommage collatéral, il faut entendre par là un euphémisme militaire désignant les victimes civiles. Pour les militaires touchés par erreur, on parle de « feu ami ». Un décès n'est jamais simple à annoncer, encore moins quand vous devez expliquer qu'un feu ami a été abattu par un feu ami ! On peut même, à tort, imaginer un duel, qui aurait mal tourné pour les deux protagonistes.

BLANC-SEING

(n.m.) désigne une feuille blanche sur laquelle on appose sa signature et que l'on donne à quelqu'un pour qu'il la remplisse lui-même : donner son blanc-seing à quelqu'un signifie « donner à une personne tout pouvoir d'agir ». Sur le plan juridique, le blanc-seing fait donc référence à un acte qui a été signé avant même que le signataire ne sache exactement à quoi il s'engage en apposant sa signature sur le document en question. Personnellement, étant d'une nature un tantinet méfiante, je déconseillerais cette pratique, sauf si c'est à mon avantage. Là, j'accepterais de discuter. Dans le langage courant, *donner blanc-seing* signifie « donner carte blanche à quelqu'un afin de lui laisser une marge de manœuvre importante ».

D'où vient ce G à la fin du mot ? En réalité, *blanc-seing* est un synonyme ancien de *blanc-signé*. Si *blanc-seing* se prononce comme « blanc-sein », attention toutefois à ne pas écrire *blanc-sein*, ce qui pourrait prêter à confusion, surtout l'hiver ! Rien à voir avec l'organe pair qui vient du sinus ! Non, je ne parle pas de votre appendice nasal et de ses deux narines, mais des *seins*, organe pair, du mot latin *sinus* (courbe, repli). Bref, comme disait ma mère, tout est question de contexte ! Où était-on à ce moment-là ?...

ENDÉMIQUE

(adj.) est un terme médical signifiant « qui a le caractère de l'endémie ». Ok, ça ne nous avance pas beaucoup, si on ne connaît pas le mot *endémie*, me direz-vous. Il faut effectivement savoir qu'une endémie est une maladie qui sévit en permanence dans une région. Le paludisme est l'une des grandes endémies des continents africain et asiatique, par exemple.

« Ce soir, Tripoli dans une poussière d'or frissonne d'angoisse. La fièvre, le typhus, la lèpre y sévissent à l'état endémique, disent les statistiques. »

***Mes Cahiers*, M. Barrès**

Au figuré, l'adjectif a pour sens « qui règne, qui sévit de manière constante, régulière », notamment à propos d'un fléau social et économique, comme la corruption ou le chômage :

« Le vieillissement des populations provoqué par la baisse de la natalité et l'allongement de la durée de vie, le ralentissement de la croissance économique, les transformations technologiques, la réduction de l'emploi et le chômage endémique pèsent partout sur l'équilibre des budgets sociaux. »

Article du *Monde diplomatique*, janvier 1991

Enfin, en biologie, une espèce endémique est une espèce (animale ou végétale) localisée dans une aire restreinte.

Attention ! On constate justement une sorte de contagion chronique entre *endémique* (qui a un caractère permanent) et *épidémique* (qui affecte soudain une grande partie d'une population).

CYCLOTHYMIE

(n.f.) qualifie un état mental où se succèdent des périodes euphoriques et des périodes de baisse d'humeur sans qu'il s'agisse de véritables épisodes maniaques ou dépressifs. Le cyclothymique passe facilement de la tristesse à la gaieté, de la joie à la colère. Il existe des tests de dépistage du tempérament cyclothymique sur Internet. Je ne vous cache pas que j'ai quelques doutes envers ces tests, mais j'ai courageusement répondu à l'un d'eux ! J'ai peut-être mauvais caractère (et encore ça reste à prouver, hein !), mais je ne suis pas cyclothymique, de toute évidence !

J'ai répondu à ce test pour vous, n'hésitez pas à le faire de votre côté !

- J'ai des changements brutaux d'humeur et d'énergie : NON
- Je ressens toutes les émotions de façon particulièrement intense : OUI
- Des fois, je rentre dormir abattu(e) et me réveille de bonne humeur : JAMAIS, je grogne toujours au réveil !
- J'ai parfois très envie d'avoir des comportements risqués : EUHHHH
- Parfois, je me sens bouillonnant(e) d'énergie et à d'autres moments très paresseux(se) : JOKER !
- J'ai tendance à exploser puis je m'en veux : NON
- Je suis fréquemment tombé(e) amoureux(se) dans ma vie : FAUX ! Une seule fois !
- Je me sens souvent fatigué(e) sans raison : Pas sans raison !
- Mes capacités de pensée varient beaucoup (entre avoir l'esprit vif ou confus) : Certes...
- J'ai l'habitude de commencer des choses puis de m'en désintéresser complètement : FAUX (proposez-moi du bon chocolat, vous verrez !)

DISERT

(adj.) est un joli terme littéraire pour dire « qui s'exprime facilement et avec élégance ». Le S se prononce Z.

« La maison première et oniriquement définitive doit garder sa pénombre. Elle relève de la littérature en profondeur, c'est-à-dire de la poésie, et non pas de la littérature diserte qui a besoin du roman des autres pour analyser l'intimité. »

***La Poétique de l'espace*, G. Bachelard**

Par analogie, on peut l'utiliser en parlant d'un animal : « la calandre diserte » (*Le Pèlerin passionné*, J. Moréas). Aucun lien avec le cadre qui décore et protège le radiateur d'une voiture. Il s'agit ici d'une grosse alouette, au chant agréable.

PLÉTHORE

(n.f.) est un mot autrefois utilisé en médecine pour faire référence à un excès des humeurs et du sang. Par extension, le substantif a pris le sens d'« abondance excessive de choses, de gens » : la pléthore de candidats à un concours. Il ne s'agit donc pas d'un simple synonyme d'*abondance*.

« La pléthore des marchandises, leur accumulation dans les docks, sans écoulement, voilà pour l'Angleterre le péril sans cesse renaissant. »

***Chemins Europe*, J. Michelet**

Les antonymes de pléthore sont pléthore ! *Absence, carence, disette, insuffisance, manque, pénurie…*

Petite précision orthographique : on écrit effectivement « sont pléthore* » tout comme « sont légion ».

* Ou pléthoriques !

DIAPHANE

(adj. – grec* diaphanês, *« transparent ») signifie « qui laisse passer la lumière sans qu'on puisse distinguer au travers les objets » : le verre dépoli est diaphane ; une tasse diaphane. Il a également pour sens « d'une transparence atténuée » quand il s'agit d'éléments naturels (un ciel, une brume diaphane) :

« Le soleil était clair et diaphane : un petit vin blanc. »

La Nausée, J.-P. Sartre

À propos du corps humain, il se dit des chairs auxquelles l'extrême maigreur donne une sorte de demi-transparence :

« Voilà que je fais son oreille. Je te la fais petite, n'est-ce pas, ourlée, diaphane comme l'aile de la chauve-souris. »

Électre, J. Giraudoux

À propos d'une personne, essentiellement d'une femme, il signifie « délicat et fragile d'apparence » :

« Elle n'avait pas changé non plus ; elle était blonde, diaphane et élégante comme autrefois, et elle souriait du même sourire parfumé ; elle ne changerait jamais. »

Les Mandarins, S. de Beauvoir

Et pour vous éclairer davantage, sachez qu'on dit souvent qu'un matériau est transparent, alors qu'il ne l'est pas vraiment. Être transparent signifie « laisser passer toute la lumière, sans la diffuser du tout ». En revanche, un élément opaque ne permet pas le passage des rayons lumineux et empêche de percevoir quoi que ce soit à travers lui. Enfin, un objet translucide laisse passer les rayons lumineux tout en en diffusant la plupart. On peut voir à travers l'objet, mais on ne peut rien distinguer parfaitement. J'espère que maintenant tout est... limpide !

COMMINATOIRE

(adj. – latin* comminatorius*, de* comminari*, « menacer ») veut dire « qui a le caractère d'une menace ; menaçant ». Le terme s'emploie aussi pour quelque chose qui menace afin d'intimider :

« [...] il n'est pas rigoureusement vrai que le Dieu de l'écriture accomplisse toujours ses desseins ; saint Augustin reconnaît que Dieu change quelquefois ses conseils. La justice du Tout-Puissant, par rapport à l'homme, n'est souvent que comminatoire, la miséricorde éternelle marche avec l'éternelle justice. »

***Les Martyrs*, R. de Chateaubriand**

Dans l'usage courant, souvent dans le style administratif, on peut parler d'une lettre, d'une note, comminatoire si elle a pour objet de faire pression sur son destinataire en évoquant la possibilité d'une sanction : un courrier comminatoire. On emploie également cet adjectif pour qualifier tout ce qui est formulé comme une demi-menace : ton, style, avis, délai comminatoire.

Terme de jurisprudence, *comminatoire* se dit de tout acte juridique qui énonce la menace d'une sanction en cas d'inexécution d'une obligation, de non-respect d'une exigence, ou qui contient une amende en cas de contravention.

Attention ! Ne pas dire ou écrire « communatoire » comme on l'entend ou le voit parfois.

LE SAVIEZ-VOUS ?

Le verbe *comminer*, belgicisme, est quasiment sorti d'usage. Il signifie, pour nos amis d'outre-Quiévrain, « menacer de poursuites judiciaires ».

DÉLÉTÈRE

(adj.) signifie « qui attaque, détruit la santé, qui met la vie en danger » : plantes, substances, sucs, gaz, atmosphère peuvent être délétères. L'adjectif a pour synonymes *nocif, nuisible, toxique*.

« Cette légère addition de cuivre chargé de son oxyde, communément appelé vert-de-gris, introduisit secrètement un principe délétère dans la tisane bienfaisante, mais en proportions homéopathiques, ce qui fit des ravages incalculables. »

Le Cousin Pons, H. de Balzac

Il s'applique parfois à des personnes : son ex était particulièrement délétère. Au figuré, dans le domaine de la morale, du jugement, du raisonnement, il veut dire « qui cause la corruption ».

« Il fallait que le missionnaire fût doué d'une bien rare et bien excellente nature pour que cette fleur de scrupuleuse probité n'eût pas été flétrie par l'influence délétère et démoralisante de son éducation. »

Le Juif errant, E. Sue

Vous allez me dire que c'est idiot, mais quand j'entends « délétère », j'entends « délai taire », sa locution homophone. Comme dirait mon ami : « Chez toi, tout est psy ! » C'est une phrase hyper-pratique que je vous recommande, car vous pouvez la recaser facilement et c'est sans risques. Néanmoins, je concède que cela trahit peut-être une banale tendance à la procrastination*. Allez, avouez que, vous aussi, vous entendez « délai taire », désormais !

* Le mot est traité page 144.

NYCT(H)ÉMÈRE

(adj.) est un mot que je vous déconseille d'utiliser en classe, sauf si vous avez décidé de perdre une heure et vos élèves en chemin. (Oui, bien vu ! c'est une figure de style : un zeugme*, plus exactement !)

Nyctémère se dit d'une durée de 24 heures, comportant une nuit et un jour, une période de sommeil et une période de veille : rythme, cycle nycthémère. Ce mot est composé du grec ancien *nyktós*, « nuit », et *hêméra*, « jour ».

* Exemple de zeugme : « Cet homme marchait pur loin des sentiers obliques, / Vêtu de probité candide et de lin blanc » (*La Légende des siècles*, V.Hugo) – coordination d'une expression concrète (vêtu de lin blanc) et d'une expression abstraite (vêtu de probité candide).

OBSOLÈTE

(adj. – latin* obsoletus, *« négligé, usé ») se dit de quelque chose qui n'est plus en usage ; qui est tombé en désuétude.

« La vérité est qu'il [le clergé] est le produit de méthodes obsolètes et futiles, de méthodes mortes. L'éducation des séminaires est à jeter à bas ; on étouffe dans ces classes où l'on n'a jamais ouvert une fenêtre, depuis la mort de M. Olier. »

L'Oblat, J.-K. Huysmans

LE SAVIEZ-VOUS ?

La loi définit *l'obsolescence programmée* comme « l'ensemble des techniques par lesquelles un metteur sur le marché vise à réduire délibérément la durée de vie d'un produit pour en augmenter le taux de remplacement ». Depuis 2015, c'est, d'ailleurs, considéré comme un délit et puni par la loi.

AVATAR

(n.m.) trouve son origine en Inde (sanskrit *avatāra*, « descente sur la Terre d'une divinité ») et peut être traduit par « incarnation divine ». Dans l'hindouisme, un avatar est une incarnation (sous forme d'animal, d'humain, etc.) d'un dieu, venu sur terre pour sauver les mondes du désordre cosmique engendré par les ennemis des dieux (les démons) : « Le sanglier, un des avatars de Vishnou » (*La Danse sacrée en Indochine et en Indonésie*, J. Cuisinier).

Depuis la fin du XXe siècle, *avatar* s'emploie aussi au sens figuré de « changement, métamorphose, transformation d'un objet ou d'un individu » :

« Mais vraiment ces poètes ne sont pas observateurs pour un sou. Les métamorphoses, les avatars qui se produisent chez les êtres avec lesquels ils vivent, ils ne les perçoivent pas. »

Journal, E. de Goncourt

Enfin, par extension de sens, lors d'un changement non souhaité, le mot s'emploie aussi dans la langue courante, le plus souvent au pluriel, dans le sens de « péripétie, mésaventure » : les avatars de la politique ; subir des avatars ; passer par des avatars successifs ; « les aléas, les avatars du métier » (*Mort à crédit*, L.-F. Céline).

LE SAVIEZ-VOUS ?

Sur les réseaux sociaux, il est de bon ton d'ajouter une image à son profil. On peut ajouter une vraie photo ou... un avatar ! sorte de double numérique. Ce personnage virtuel est une représentation de soi plus ou moins graphique, plus ou moins ressemblante.

DIGRESSION

(n.f.) est issu du verbe latin *digredi* signifiant « s'éloigner ». Il s'agit d'un développement qui, dans un discours structuré, s'éloigne du sujet principal. Imaginez un peu que je vous parle soudainement de mon amour du chocolat*. Vous me direz : « Quel rapport ? » Eh bien aucun ! Si ce n'est que vous pouvez toujours m'en faire parvenir via mon éditeur (en précisant bien mon nom !)...

Mais laissons cette digression et revenons à notre sujet ! À ce propos, j'aimerais attirer votre attention sur une difficulté formelle : veillez à ne pas mettre de S avant le G et à bien prononcer « di-gres-sion » et non « diSgression », ce qui serait fautif. Ne cédez pas à la mauvaise influence de la *transgression* ! En effet, la forme *disgression* n'existe pas et, en transgressant, vous vous rendriez coupable d'un horrible barbarisme.

Pourquoi « digression », mais « diSjonction », dites-vous ? Allez, une petite digression supplémentaire ! Mais, cette fois, de votre fait, hein ! Néanmoins, c'est une bonne question qui mérite réponse ! On écrit *digression* parce que, en latin, le S de « dis » dis... paraissait devant la consonne G.

On passe au mot suivant ?

* Pour le chocolat, j'ai oublié de préciser : du noir, exclusivement !

DITHYRAMBIQUE

(adj. – latin **dithyrambicus,** *du grec* **dithurambikos***)* a pour sens premier « qui appartient au dithyrambe ». Vous allez me dire : « Super, mais c'est quoi un *dithyrambe* ? » C'était un cantique consacré à Dionysos, dansé et chanté par des choristes déguisés en satyres, sous la conduite d'un coryphée (le chef de chœur). On considère qu'il fut à l'origine de la tragédie grecque.

Au figuré, *dithyrambique* se dit qu'une personne excessive et pompeuse dans ses éloges : ce journaliste dithyrambique. Ainsi, on parle couramment de louanges dithyrambiques.

« Je connaissais trop Puig, son exubérance, sa nature dithyrambique. »

La Petite Infante de Castille, **H. de Montherlant**

Attention à l'orthographe ! Ici, comme dans l'alphabet, le I précède le Y ! Une astuce pour s'en souvenir ? Personnellement, je pense à *ithyphallique* (« relatif au phallus en érection » : une statue ithyphallique). Oui, je sais, chacun ses références... Néanmoins, c'est très efficace ! On peut même imaginer la phrase mnémonique (synonyme de *mnémotechnique*) : « D**i**on**y**sos, père de Priape*, fut d**i**th**y**rambique à propos de sa statue **i**th**y**phallique ».

* Priape : on reconnaît le fils d'Aphrodite et de Dionysos à son gigantesque pénis constamment en érection.

ENGEANCE

(n.f. – ancien français* engier, *« pulluler », du latin* indicare, *avec l'influence de* ovum index, *« œuf incitant les poules à pondre ») désigne une catégorie de personnes jugées méprisables. Les citations ne manquent pas, évoquant une maudite, mauvaise, misérable, vile... engeance !

« C'était un heureux temps quand chacun se chargeait de faire respecter ses droits, et que le pays n'était pas empoisonné de cette maudite engeance. »

Rob-Roy, W. Scott

« C'est une mauvaise engeance et une mauvaise race. »

Ainsi parlait Zarathoustra, F. Nietzsche

« [...] sa vive intelligence
Dominait les instincts de cette vile engeance. »

La Chute d'un ange, A. de Lamartine

Terminons avec George Orwell et la quatrième de couverture de *La Ferme des animaux* :

« Un certain 21 juin eut lieu en Angleterre la révolte des animaux. Les cochons dirigent le nouveau régime. Snowball et Napoléon, cochons en chef, affichent un règlement : "Tout ce qui est sur deux jambes est un ennemi. Tout ce qui est sur quatre jambes ou possède des ailes est un ami. [...]" »

Et une citation du roman s'adressant à nous tous : « Une fois délivrés de l'engeance humaine, des bons à rien, des parasites, chacun d'eux reçut en partage une ration plus copieuse. »

FÉTIDE

(adj. – latin* fœtidus*, de* fœtere*, « puer ») se dit d'une odeur forte, écœurante, répugnante : dégager une odeur fétide.

Quand j'entends le mot *fétide*, je pense paradoxalement à un personnage savoureux qui fleure bon l'humour et la créativité : l'oncle Fétide de *La Famille Addams*. Cette fameuse série télévisée américaine narre les mésaventures d'une famille hors du commun vivant dans un manoir. Les membres de la famille sont : Morticia, la mère au teint blafard ; Gomez, le père aux yeux exorbités ; Mamie Addams, la grand-mère un peu sorcière ; les enfants, Pugsley et Mercredi, aux jeux sanguinolents ; l'oncle Fester (*Fétide*, dans la version française du film), qui peut allumer une ampoule en la plaçant dans sa bouche ; Lurch, le maître d'hôtel géant, qui ressemble au monstre de Frankenstein ; la Chose, une main intelligente se déplaçant toute seule dans la maison, et enfin le cousin Itt, petit homme plein de cheveux et de poils adoré de la sulfureuse Morticia.

En parlant de soufre, on pourrait enchaîner avec un champignon qui, du fait de la libération de deux composés sulfurés, dégage une odeur fétide de cadavre en putréfaction. Vous avez reconnu le *Phallus impudicus* ou *satyre puant*, parfois également nommé *œuf du diable*. À l'état adulte, il rappelle la forme d'un pénis en érection, d'où son joli nom. À maturité, son doux parfum attire les mouches. Eh oui ! Il y en a pour tout l'égout !

PENSUM

(n.m.) était le nom d'un travail supplémentaire donné comme punition à un élève :

« Qui donc songe que, pour certains collégiens, un pensum injuste peut être une aussi grosse douleur que le sera plus tard la mort d'un ami. »

***Contes et nouvelles*, G. de Maupassant**

Par extension, le mot est synonyme de « travail qui ennuie et que l'on fait sans intérêt ». Ce que j'appelle une corvée !

Attention ! Le mot est francisé et s'accorde au pluriel : des pensums.

LE SAVIEZ-VOUS ?

Un *pensum* en latin était le « poids de laine que l'esclave devait filer par jour », d'où « tâche quotidienne », puis « fonction, tâche, devoir ».

SCATOLOGIQUE

(adj.) signifie « qui a rapport aux excréments » (du grec *skôr*, « excrément » et *logos*, « parole »). Vous souvenez d'*Evguénie Sokolov*, un roman de Serge Gainsbourg qui raconte l'histoire d'un peintre français d'origine slave, chef de file du courant de l'hyperabstraction qui doit son succès à ses pets ? L'artiste peint en profitant des vibrations offertes par ses déflagrations… Il est sûr que ça n'a pas dû plaire aux gens prout-prout !

À ne pas confondre avec *eschatologique* (qui concerne l'étude des fins dernières de l'homme et du monde), vous risqueriez de vous prendre un sacré vent !

INTEMPÉRANT

(adj.) qualifie celui qui manque de mesure, de modération dans un ou plusieurs domaines. Notamment celui qui abuse des plaisirs de la vie, surtout de ceux de la table. Une sorte de débauché, de glouton, ou d'ivrogne. L'un n'empêchant pas l'autre ! Est intempérant au sens large celui qui est excessif dans son comportement, ses réactions, ses opinions.

« Ceux qui portaient derrière nous le même uniforme kaki [...] s'étaient montrés si agressifs et si intempérants, que le discrédit qu'ils s'étaient attiré rejaillissait sur toute l'armée. »

Les Grandes Vacances, F. Ambrière

L'adjectif s'applique également à un inanimé, même débordant !

« Leur imagination surexcitée et intempérante. »

Philosophie de l'art, H. Taine

DÉDALE

(n.m.) est tiré du nom propre de l'architecte Dédale, auquel le roi de Crète (Minos) confia la mission de créer un labyrinthe pour y enfermer le minotaure, qui se nourrissait de chair humaine. *Dédale* est devenu ainsi synonyme de « labyrinthe » : le dédale des corridors ; un dédale de rues obscures ; le dédale du métro. On peut également l'employer au sens figuré de « ensemble compliqué, inextricable » : le dédale de la jurisprudence ; le dédale administratif. Sans vouloir être mauvaise langue, je pense que tout Français comprendra aisément ces deux exemples, allez savoir pourquoi !

UNE HISTOIRE À DÉVORER !

Tous les neuf ans, le minotaure engloutissait quatorze jeunes gens jusqu'à ce que, Thésée, le fils du roi d'Athènes, décidât de tuer le minotaure. En Crète, il rencontra Ariane, la fille du roi Minos, qui s'éprit éperdument de lui et l'aida en lui donnant l'idée d'une pelote de fil à dérouler pour retrouver ensuite son chemin vers la sortie. Thésée tua le monstre puis s'enfuit avec Ariane pour Athènes. Minos furieux fit enfermer Dédale et son fils Icare dans le labyrinthe. L'architecte eut l'idée de s'évader par les airs en attachant des plumes entre elles grâce à de la cire, puis en les fixant sur les épaules de son fils et sur les siennes. Ils s'envolèrent au-dessus du labyrinthe, mais Icare oublia vite le conseil de son père de ne pas s'approcher du soleil : la cire fondit, les ailes se détachèrent et Icare tomba dans la mer.

ABSCONS

(adj. – du latin* absconsus, *« caché ») signifie « très difficile à comprendre, inintelligible ». Pas d'inquiétude, je vais vous accompagner, ainsi que des citations littéraires ou journalistiques éclairantes :

« Ce soir, chez Daudet, une terrible logomachie, où Rosny parle des abstraits et des concrets en littérature et des préférences morales, [...] et de beaucoup de choses absconses, compliquées et peu compréhensibles [...]. »

Journal, E. de Goncourt

Zut ! Je me dis que si *abscons* n'est plus abscons pour vous – superbe autonyme ! – *logomachie* risque de l'être ! Et *autonyme*, du coup !

Une *logomachie* est « une querelle de mots dont l'origine repose sur le sens légèrement différent que l'on attribue aux mêmes mots ».

Un *autonyme* est, quant à lui, un signe métalinguistique qui, pour désigner un autre signe, lui emprunte son signifiant. « Comment ça ? c'est totalement abscons ! » Bon, ne nous énervons pas, et déjà bravo pour votre compréhension du mot *abscons* ! En plus clair, un *autonyme* est un mot qui se désigne de lui-même, comme *alacrité* dans la phrase : « *Alacrité* est un nom féminin. » « Comment ça ? *alacrité* est aussi abscons ! » Auriez-vous déjà oublié la page 12 ?

ÉPECTASE

(n.f.) permet de poser une devinette. Quel est le point commun entre le cardinal Jean Daniélou et Richard Wagner ? Eh bien, l'épectase (en grec, « extension ») ! Le mot désigne, aujourd'hui, le décès durant l'orgasme, mais fut initialement utilisé par les chrétiens pour « le progrès de l'homme vers Dieu ou la tension de l'âme vers la sainteté ».

Comment diable a-t-on pu glisser vers son sens sulfureux ? Pour une fois, je n'y suis pour rien, tout ça, c'est à cause de « Mimi » ! Dans l'après-midi du 20 mai 1974, Mimi la petite souris* se retrouve obligée d'appeler police secours : Mgr Daniélou gît, chez elle, raide mort. En tout cas, mort, c'est sûr ! L'Église a d'abord indiqué que le cardinal avait été terrassé en pleine rue par une crise cardiaque, avant de se souvenir qu'il était mort « chez des amis ». Personne ne fut dupe. Alors que, le 26 mai, le prélat est inhumé en grande pompe (oups !), un prêtre déclare : « C'est dans l'épectase de l'apôtre qu'il est allé à la rencontre du Dieu vivant. » Sonnant comme… *extase*, le terme va rapidement acquérir une notoriété licencieuse grâce au *Canard enchaîné* qui révéla que Mgr Daniélou cassa sa pipe « dans l'appartement d'une dame S., gente blonde de 24 ans, travaillant la nuit dans un cabaret ».

Bien que cela soit, du coup, chronologiquement inexact, on rapporte également que le président Félix Faure a connu l'épectase à l'Élysée en 1899, avec sa maîtresse, M. Steinheil, qualifiée de « pompe funèbre ».

* Créature de petite vertu.

RÉQUISITOIRE

(n.m. – latin **requisitum***, de* **requirere***, « réclamer »)* désigne une plaidoirie du ministère public devant le juge répressif en vue de requérir l'application ou non de la loi pénale envers le prévenu ou l'accusé. Par extension, il s'agit d'un discours, d'un exposé dans lequel on accumule les accusations, les sentiments négatifs, les reproches contre une ou des personnes, une ou des institutions : dresser un réquisitoire contre son concurrent politique.

« "Oui", murmura Jacques, après avoir lu posément la lettre, qui constituait un long et froid réquisitoire. »

Les Thibault, R. Martin du Gard

LE SAVIEZ-VOUS ?

Je vous recommande (en ligne, sur France inter) *Les Réquisitoires du tribunal des flagrants délires* de l'humoriste-procureur Pierre Desproges. Le « procès » commençait par une présentation de l'invité, présenté comme « prévenu », et « interrogé » par le président du tribunal. Le prévenu était par la suite attaqué par le ministère public, représenté par « le procureur de la République Desproges française ». Le début de ses réquisitoires (avec quelques variations) est resté célèbre : « Françaises, Français, Belges, Belges, Mon président, Mon chien, Monsieur l'avocat le plus bas d'Inter, mesdames et messieurs les jurés, public chéri mon amour. »

PÉCUNIAIRE

(adj. – latin* pecuniarius*, de* pecunia*, « fortune » ; de* pecus*, « troupeau », celui-ci symbolisant la richesse dans l'ancienne Rome) a pour sens « qui relève de l'argent, financier » : un avantage pécuniaire. Si vous voulez faire riche, vous pouvez préciser qu'il s'agit d'un adjectif épicène (c'est-à-dire « qui a la même forme aux deux genres »).

Attention à son emploi ! Rappelez-vous que si l'argent n'a pas d'odeur, il n'a pas de sexe non plus, ici ! La comparaison a pour seul intérêt de vous aider à retenir que, au masculin comme au féminin, il faut dire et écrire *pécuniaire* (et non « pécunier »). Ainsi on dira : Sa rombière est rentable du point de vue pécuniaire. Mais où vais-je chercher des exemples pareils ?

GUINGOIS (DE)

est une locution signifiant « de travers » : « Les façades des maisons sont encore droites. Un balcon de guingois arbore un tronçon de hampe, et une pancarte » (*Colline*, J. Giono). « Je me tiens un peu de guingois » (*Confession de minuit*, G. Duhamel). L'expression est également usitée au figuré où elle a pour sens « aller mal » : « Il est à sa maison de campagne et ne s'occupe pas de nous. Aussi tout va de guingois » (*Les Travailleurs de la mer,* V. Hugo).

Une question de bon sens surgit alors dans mon esprit : en toute logique, une diagonale qui va *de guingois* est une diagonale qui va bien. C'est son boulot de diagonale, après tout ! Or si elle va *de guingois*, c'est qu'elle va mal ! Donc une diagonale qui va bien va mal ! Pour y voir plus clair, vous devriez peut-être vous rendre à l'entrée Sophisme (page 162)...

ESPERLUETTE

(n.f.) est le nom du signe &, qui fut inventé par le linguiste romain Marcus Tullius Tiro au Ier siècle avant J.-C. Il semble qu'il ait été considéré comme la 27e lettre de l'alphabet jusqu'au XIXe siècle. Ce caractère se lisait « ète » et était placé à la fin de l'alphabet. Il s'agirait d'une ligature esthétique de la conjonction de coordination *et*. Les lettres E et T ont été fusionnées pour n'en former plus qu'une, même s'il n'est guère évident de distinguer les deux lettres d'origine. L'esperluette est parfois appelée le « *et* commercial ». Très utilisée autrefois, elle ne l'est plus aujourd'hui en français que dans ce domaine pour mentionner les raisons sociales (*Sciences & Vie,* Nature & Découvertes, Black & Decker...), d'où son utilité sur les nos claviers d'ordinateur.

« L'esperluette est la clé de sol de notre écriture. »

I. Tschichold

LE SAVIEZ-VOUS ?

L'esperluette est ce qu'on appelle un *logogramme*. Un dessin correspondant à une notion. C'est un mot sans ambiguïté dont le sens peut être facilement perçu. Le & sera, effectivement, immédiatement interprété et traduit, selon sa langue, en *et, and, und, y*... Un autre logogramme de notre clavier d'ordinateur : l'arobase, @.

IDOINE

(adj.) vient du latin *idoneus*, signifiant « approprié, propre à » : c'est la personne idoine pour résoudre notre problème ; selon votre situation, cochez la case idoine du formulaire. L'usage du mot est très soutenu, archaïque et parfois considéré comme une plaisanterie : voici l'individu idoine qui arrive ! (Traduisez : « qui convient exactement à la situation ».) Un synonyme idoine pour *idoine* serait *ad hoc* (« pour cela », en latin). Aucun rapport avec le capitaine au nom de poisson fumé.

« Cet orateur s'appelle Boismont, et non pas Beaumont, et n'a de prêtre que ce qu'il en faut pour être apte et idoine à posséder des bénéfices. »

Lettre au roi de Prusse, de D'Alembert, 30 juillet 1781

LE SAVIEZ-VOUS ?

On trouve un autre représentant de la famille d'idoine : *idonéité*. Il signifie « adéquation, conformité, convenance » : l'idonéité du conseiller ne fait aucun doute ! (Comprenez « Le conseiller est bien la personne qui convient ».) S'il est besoin de le préciser, ce mot est assez rarement employé. Quoi qu'on en dise, *idoine* est parfois le mot le plus idoine et, dans ce genre de situation, il serait regrettable de ne pas se servir de son idonéité !

ÉVANESCENT

(adj. – latin **evanescens, -entis,** *de* **evanescere,** ***« disparaître par degrés »)***, terme littéraire, a pour sens « qui s'efface peu à peu », « qui disparaît peu à peu » : des souvenirs évanescents ; une couleur, une image évanescente ; « les berges rutilantes des diamants évanescents de rosée » (*De Goupil à Margot*, L. Pergaud).

Au figuré, le sens devient « qu'on aperçoit d'une manière fugitive » : « des êtres angéliquement évanescents comme les chamois » (*Triomphe de la vie*, J. Giono). Ou encore « qui a une apparence floue, imprécise » :

« Quand il [Corot] en viendra à peindre [...] des arbres chevelus de vapeurs, les formes évanescentes impliqueront toujours les formes nettes, obnubilées. »

Pièces sur l'art, P. Valéry

Les synonymes sont *fugitif*, *fugace*, *éphémère*, comme le bonheur, aurais-je envie de dire ! Je vous propose de quitter cet adjectif, qui s'éloigne déjà, avec une jolie définition de Philippe Delerm :

« Bonheur : un mot fragile, évanescent, léger, surtout. »

DISCRÉTIONNAIRE

(adj.) dérive de *discrétion*. Pour pouvoir bien comprendre cet adjectif, il faut connaître les deux sens de ce substantif. Bien sûr, on a l'habitude d'utiliser *discrétion* pour qualifier le tact d'une personne qui, ne voulant pas gêner, n'attire pas l'attention et ne cherche pas particulièrement à se faire remarquer, mais on ignore souvent le second sens du mot, à savoir le pouvoir de décider : « J'étais dans l'âge de discrétion » (*Confessions*, Verlaine). Ainsi, *être à la discrétion de quelqu'un* signifie « être à sa disposition, à sa merci, en son pouvoir ». *Discrétionnaire* dérive de cette acception et se dit d'un pouvoir sans limites, arbitraire, qui s'exerce sans être soumis à une autorité supérieure. On évoque ainsi le pouvoir de l'Administration lorsque cette dernière est libre de porter une appréciation sur l'utilité et l'opportunité d'une décision à prendre.

LE SAVIEZ-VOUS ?

Si jamais, vous lisez « À discrétion » dans un restaurant, ça ne sous-entend pas que vous devez cesser de vous goinfrer bruyamment, mais que vous avez le droit (pas l'obligation !...) de vous sustenter à volonté. Néanmoins, je recommande de rester tout de même discret, si vous ne voulez pas passer pour le glouton de service !

EXACTION

(n.f.) vient du verbe latin *exigere,* « faire payer ». Autrefois, il s'agissait du fait d'exiger, généralement par la force, le paiement de ce qui n'est pas dû ou de plus qu'il n'est dû : « les exactions et les rapines des agents du fisc royal » (*Récits des temps mérovingiens,* A. Thierry). De nos jours, par extension et au pluriel, on emploie ce terme pour parler de mauvais traitements, des actes de violence et des sévices commis à l'égard d'une population : les soldats se sont rendus coupables de terribles exactions.

Il n'y a pas grand-chose à dire sur ce terme, mais il y a beaucoup à réfléchir sur l'être humain et sur son fonctionnement parfois peu humain. Ces citations peuvent nous y aider :

« Il est impossible de se sentir pleinement vivant et de fermer les yeux sur les exactions, les persécutions et les mystifications qui se déroulent autour de nous. »

Oser la jeunesse : transmettre, s'engager, inspirer, **V. Cespedes**

« Une énorme forteresse de préjugés, de privilèges, de superstitions, de mensonges, d'exactions, d'abus, de violences, d'iniquités, de ténèbres est encore debout sur le monde avec ses tours de haine. »

Les Misérables, V. Hugo

GLABRE

(adj.) se dit d'une partie du corps « dépourvue de poils ». Un homme glabre est non poilu, non moustachu et imberbe : « Mon bon géant était glabre et n'avait pas un poil au ventre ni sur la poitrine » (*Bourlinguer*, B. Cendrars).

Autre citation à propos d'un animal : « Les vers nus, glabres et roses, à la peau élastique, marbrée de plaques blanches » (*Jean-Christophe*, R. Rolland).

Par analogie, on peut utiliser cet adjectif au poil pour évoquer un paysage dénudé : « Ces grands espaces de terre glabre sans même un agave ou un arbre à candélabre. Le désert ! » (*Poids du ciel*, J. Giono)

Enfin, on rencontre l'adjectif également en botanique : plante, tige glabre.

PERNICIEUX

(adj. – latin* perniciosus*, de* pernicies*, « ruine ») a pour sens « qui est dangereux pour la santé, nocif » : un abus pernicieux de l'alcool, du tabac. Dans une acception large, il signifie « qui est moralement mauvais, nuisible » : une doctrine pernicieuse.

Enfin, médicalement, *pernicieux* se dit d'une maladie particulièrement grave : accès pernicieux, anémie pernicieuse (ancien nom de la maladie de Biermer). Ses synonymes sont *dangereux, immoral, maléfique, malin, malsain, mortel et pervers* ! Rassurez-vous, c'est comme dans *La Guerre des étoiles*, leurs antidotes existent : *bénéfique, bienfaisant, bon, élevé, excellent, exemplaire, moral, noble, salutaire* et même *sublime* !

DÉPRÉDATION

(n.f. – bas latin* depraedatio, -onis*) s'emploie pour un vol ou pillage s'accompagnant de dégâts causés au bien d'autrui : commettre des déprédations ; se livrer à des déprédations. Par extension, il s'agit d'un dégât commis par un animal :

« Les déprédations du sanglier exaspèrent nos métayers. »

Chez nous, J de Pesquidoux

Pas plus sympathique que son sens précédent, une déprédation peut également faire référence à un acte malhonnête commis dans l'administration de la fortune d'autrui : la déprédation des finances.

Le mot s'emploie surtout au pluriel (mais le singulier n'est pas incorrect). Il faut veiller à ne pas confondre *déprédation* (dommage causé à la propriété d'autrui par vol ou destruction) et *dégradation* (détérioration). La proximité de sens de ces deux mots conduit souvent à employer *déprédation* au sens de dégradation. Se rappeler que *déprédation* implique l'idée de dommage causé au bien d'autrui, souvent par malveillance, ou d'appropriation illégitime, conformément à l'étymologie (latin *praeda*, « proie, butin de guerre »).

LE SAVIEZ-VOUS ?

Le mot *déprédateur* existe. Les déprédateurs sont considérés comme des organismes nuisibles si les dégâts commis ont une importance économique significative (par exemple, les insectes, les rongeurs...). À ne pas confondre avec *prédateur*, qui désigne un organisme animal qui poursuit et capture des proies vivantes pour s'en nourrir ou pour alimenter sa progéniture

FORTUIT

(adj. – latin* fortuitus, *« accidentel », de* fors, *« hasard ») signifie « qui arrive ou paraît survenir par hasard » : une rencontre, découverte, occasion fortuite. On parle parfois d'un « cas fortuit » pour évoquer un événement imprévisible rendant impossible l'exécution d'un contrat et libérant le débiteur. Les synonymes sont nombreux : *accidentel, contingent, imprévisible, imprévu, inattendu, inopiné* ou encore *occasionnel.*

« Je considérais qu'une foule de circonstances fortuites, qui ne pouvaient plus se reproduire, avaient contribué à lui donner pour quelques moments à mes yeux un charme accidentel. »

Nouvelles genevoises, R. Toepffer

LE SAVIEZ-VOUS ?

D'où vient la formule : « Ceci est une œuvre de fiction. Toute ressemblance avec des personnages ayant réellement existé serait purement fortuite » ? Elle est due à Raspoutine, le mystérieux conseiller du tsar russe Nicolas II ! En 1933, un prince russe, Félix Ioussoupov, poursuivit la MGM en lui reprochant une inexactitude le concernant dans le film *Raspoutine et sa cour* de Richard Boleslawski, où s'il s'était reconnu sous les traits de Paul Chegodieff, un personnage fictif qui tue Raspoutine. Ioussoupov reprochait au film de contenir une scène montrant Raspoutine en train d'hypnotiser et violer la femme de Chegodieff, alors que, en réalité, le mage et la femme de Ioussoupov ne s'étaient jamais rencontrés. La MGM décida de maintenir la scène et fut lourdement condamnée en diffamation. Depuis, on est plus prudents !

CONTONDANT

(adj. – participe présent de l'ancien français* contondre, *du latin* contundere, *« blesser ») se dit d'un objet qui blesse par choc, sans couper ni déchirer les chairs. Qui meurtrit par écrasement, si vous voulez. Un truc sympa comme un gourdin, une matraque, mais pas comme votre pic à glace, votre vieux javelot, ou la baïonnette du salon, sauf – évidemment – une ampoule à baïonnette tant que vous ne la cassez pas ! Néanmoins, non sans un certain vice et culot, il n'est pas évident de tuer quelqu'un avec une ampoule ! Non, je n'ai pas essayé ! Sinon, je sais que Leroy Merlin conseille, en cas de casse d'une ampoule recyclable, d'aérer la pièce pour éviter de respirer les gaz nocifs... Renseignez-vous auparavant, je soupçonne certaines belles-mères d'être, par essence, mithridatisées. Ce n'est pas pour rien qu'on recycle plus facilement les ampoules que les belles-mères... Comme d'habitude, je décline toute responsabilité.

L'adjectif est souvent mal prononcé, sauf dans l'Est où on prononce de la même façon les « on » et les « an ». Qu'entendons-nous ? Aussi bien « contondont », « contondant » que « cantandant » !

LE SAVIEZ-VOUS ?

Lorsqu'un objet contondant est utilisé en dehors de sa fonction première, il est qualifié d'« arme par destination » : il devient un objet dont la fonction initiale est détournée afin de blesser ou tuer.

EXORDE

(n.m. – lat.* exordium*, de* ex*, et* ordiri*, « commencer ») est le nom donné à l'introduction d'un discours, à l'entrée en matière en quelque sorte. Ses synonymes sont *préambule, préface, préliminaire, prélude*. Sa finalité est de capter l'attention des auditeurs et de provoquer leur bienveillance. L'orateur évoque à grands traits le cadre de son sujet et peut également annoncer brièvement quelques points-clés en faveur de la position qu'il s'apprête à défendre.

« Un exorde doit être simple et sans affectation ; cela est aussi vrai dans la poésie que dans les discours oratoires, parce que c'est une règle fondée sur la nature, qui est la même partout. »

***Traité du sublime*, Réflexion 2, Longin, traduit par Boileau**

Ce mot présente deux difficultés : son genre et la confusion avec *exode*, de prononciation voisine. Mais autant profiter de cette confusion pour se souvenir que les deux sont masculins, donc un exode, un exorde. Un exode est l'émigration massive d'une population (l'exode des Hébreux quittant l'Égypte ; l'exode rural), tandis que l'exorde – nous venons de le voir (vous n'avez pas déjà oublié ?) – est la première partie d'un discours. Alors que je cherchais une jolie phrase pour conclure cet article, je me suis souvenue d'une citation de l'auteur de *Phèdre* et d'*Andromaque*, extraite des *Plaideurs* :

« Belle conclusion, et digne de l'exorde ! »

Bon, inutile de prendre racine* ici ou de bayer aux corneilles, le mot suivant piaffe déjà d'impatience !

* Jean Racine, également auteur des *Plaideurs*.

FACTIEUX

(adj. et n. – latin* factiosus, *« intrigant ») a pour sens « qui fomente des troubles contre le pouvoir établi » : une ligue factieuse ; les fourbes factieux ont échoué à fractionner le groupe. En tant qu'adjectif, il qualifie un groupe de personnes qui tente d'exercer contre un gouvernement légalement établi une action violente visant à provoquer des troubles :

« Les soldats ayant refusé d'exécuter les ordres de leurs officiers après avoir entendu les haut-parleurs du gouvernement légal d'Espagne annoncer qu'ils étaient relevés de toute obéissance à l'égard des officiers factieux [...]. »

***Espoir*, A. Malraux**

Il s'applique aussi à des actions, des pensées, qui ont un caractère séditieux, qui tendent à la faction (groupe qui cherche à renverser le pouvoir établi) : esprit factieux, manifestation factieuse.

« Il est bien vrai que la révolution dut recourir à la force : 14 juillet, 10 août : prise de la Bastille, prise des Tuileries. Mais [...] la force n'était pas employée à imposer à la nation la volonté d'une minorité. La force était employée [...] à assurer contre les tentatives factieuses d'une minorité la volonté presque unanime de la nation. »

***Études socialistes*, J. Jaurès**

Enfin, en tant que substantif, il désigne celui qui appartient à une faction, qui a une activité subversive : il est urgent de faire rentrer les factieux dans l'ordre. Les synonymes sont *agitateur, insurgé, rebelle, révolutionnaire.*

INFIRMER

(v.tr.) peut s'avérer problématique du fait d'une confusion sonore possible avec « affirmer » ! Le verbe signifie de façon générale « enlever de son crédit, de sa valeur à quelque chose » (infirmer un témoignage) et, de façon juridique, « annuler une décision de justice rendue en première instance » :

« Je ne puis rendre un jugement qui serait certainement infirmé par la Cour de cassation, le tribunal n'étant plus au complet. »

***Un client sérieux*, G. Courteline**

Le dérivé juridique *infirmatif* existe également au sens de « qui infirme, rend nul » (arrêt infirmatif d'une sentence, d'un jugement). Ici aussi, bien ouvrir ses oreilles et ne pas entendre affirmatif !

LE SAVIEZ-VOUS ?

Les mots *infirme, infirmité, infirmerie*, etc., ont la même origine latine (*infirmus*, « faible ») que le verbe *infirmer* (leur point commun étant la notion de faiblesse).

HYPOCONDRIAQUE

(adj.). Comment vous sentez-vous aujourd'hui ? Entre nous, vous avez une petite mine ! Pas de fourmillements dans le bras gauche ? Non ? De toute façon, vous savez bien que ça ne veut rien dire ! Si ça se trouve, vous en avez eu, mais votre Alzheimer précoce fait que vous l'avez oublié aussitôt... Ce qui est rassurant, c'est que vous êtes en état de lire. En cas d'AVC, ce ne serait pas le cas. Néanmoins, je suis d'accord avec vous, on n'est sûr de rien...

L'hypocondriaque est une personne extrêmement anxieuse, persuadée d'être atteinte d'une maladie grave. Il scrute les moindres manifestations de son corps, les interprète comme des symptômes et a tendance à consulter de nombreux médecins tout en mettant en doute ce que peuvent lui dire les experts (y compris les examens médicaux). Aucun médecin ne parvient finalement à le rassurer.

LE SAVIEZ-VOUS ?

Lorsque l'on fait des recherches sur le mot *hypochondrie*, on tombe rapidement sur le *syndrome de Münchhausen*, le summum de l'hypochondrie. Il s'agit du besoin de simuler une maladie dans le but d'attirer l'attention ou la compassion. Les malades espèrent être hospitalisés et subir des opérations inutiles. Le nom de ce syndrome provient de celui du baron de Münchhausen (1720-1797), officier de Basse-Saxe engagé en tant que mercenaire dans l'armée impériale russe, auquel sont attribués des exploits invraisemblables. En France, le récit de ses aventures fut traduit sous le titre *Le Baron de Münchausen surnommé le Baron de Crac* ou la Fleur des Gasconnades allemandes.*

* *To crack* en anglais signifie « se vanter » et *craquer* signifiait dès le XVIIe siècle « mentir ». D'où « raconter des craques » (des mensonges).

FAUX-FUYANT

(n.m. – ancien français* fors, *« dehors », et* fuyant, *de* fuir, *avec l'influence de* faux*) désigne tout d'abord un chemin détourné, une voie par laquelle on peut s'en aller sans être vu. Le truc idéal quand ça tourne mal. J'aime bien l'idée ! Au sens plus courant et plus couru par les temps qui courent, un faux-fuyant est un moyen détourné de se tirer d'embarras ou d'éluder une question. Ses synonymes sont *dérobade, pirouette* (pour les plus agiles), *prétexte* ou encore *subterfuge*.

« Nous vivons depuis mai 1958 sur la plus grande duperie de l'histoire et depuis octobre 1962 sur la plus grande imposture. La cause du mal c'est la volonté tenace, bien que supérieurement camouflée, du général de Gaulle. Il faut donc dénoncer à la masse, sans subterfuges et sans faux-fuyants, le responsable du mal dont meurent la République et la Liberté. »

Combat, É. Lebas

LE SAVIEZ-VOUS ?

Tiens, je m'aperçois que j'ai oublié un synonyme : *échappatoire*. Je voulais vous parler de sexe. (Je sens nettement un regain d'intérêt !) Selon vous, doit-on écrire « un » ou « une » échappatoire ? Ce mot est féminin et pose problème. Néanmoins, merci messieurs de n'en tirer aucune conclusion et de ne pas déformer mes propos... Ce que je veux dire, c'est qu'il est de plus en plus employé dans un sens erroné comme un moyen de se changer les idées, une sorte de divertissement.

ERGOMANE

(n.) est, selon Larousse, une personne qui « travaille beaucoup, s'identifiant complètement à son entreprise ». Cette définition me laisse néanmoins sceptique. Imaginez un peu un salarié travaillant dans une usine de PQ, ou ne serait-ce qu'une usine de préservatifs...

Plus sérieusement, un ergomane est un bourreau de travail, ce qu'on appelle également un « *workaholic* », mot-valise construit à partir des mots *work* (« travail ») et *alcoholic* (« alcoolique »). Il s'agit d'une dépendance au travail plus ou moins grave en fonction du degré d'addiction de l'individu. Le *workaholic* a du mal à décrocher de ses occupations professionnelles et s'investit à fond dans ce qu'il fait, malheureusement au détriment de sa propre santé. Les conséquences sont multiples : négligence des relations familiales et sociales, conflits interprofessionnels, perte de plaisir généralisée accompagnée de divers symptômes physiques. L'obsession de l'ergomane est de sacrifier du temps libre pour travailler davantage.

Le travail est sa priorité !

LE SAVIEZ-VOUS ?

Au Japon, il existe des centaines de centres d'aide dédiés à l'ergomanie. Malgré cela, de nombreux travailleurs japonais décèdent chaque année à cause de leur dépendance au travail. Le terme japonais pour désigner cette mort par surtravail est *Karoshi*.

ONIRIQUE

(adj.) signifie « relatif au rêve, qui rappelle, évoque le rêve » ou « qui est inspiré par le rêve » : film, littérature onirique.

Attention ! Un *oniromancien* n'est pas écrivain de romans oniriques, mais quelqu'un qui se livre à l'interprétation des rêves.

LE SAVIEZ-VOUS ?

En psychiatrie, l'onirisme est une activité mentale pathologique, faite de visions de scènes animées semblables au rêve. L'onirisme entre dans le cadre des hallucinations visuelles, souvent associées à des états de confusion mentale. Parfois, la bouffée confuso-onirique survient sans cause apparente, mais elle est souvent occasionnée par une intoxication, un traumatisme, un état infectieux.

SPORADIQUE

(adj. – grec* sporadikos*, « dispersé », de* speiren*, « semer ») est fidèle à sa définition, puisque ce mot apparaît justement de manière sporadique dans notre quotidien. Comprenez par là qu'il se manifeste çà et là et d'une manière irrégulière. On parle d'affrontements, de combats, de tirs sporadiques. Il est intéressant de constater qu'il a la même étymologie que la *spore*, le corpuscule reproducteur des plantes.

LE SAVIEZ-VOUS ?

À propos de *spore*, vous souvenez-vous de la Semeuse, cette femme soufflant sur un pissenlit, emblème des dictionnaires Larousse ? J'ai découvert que ce symbole était né dans la maison de Claude Augé, directeur et père du Petit Larousse illustré, dont le but était de dispenser une science familière et sans prétention. Eh oui, moi aussi, je sème à tout vent* !

* « Je sème à tout vent » est la devise laroussienne.

FLAGORNER

(v.tr., origine inconnue), c'est flatter quelqu'un bassement et avec insistance, c'est aduler, cajoler, courtiser, encenser, louanger. Un flagorneur est un individu sans honte qui flatte celui qui détient un pouvoir ou représente une autorité. Couramment, j'appelle ça un « lèche-cul » ou un « lèche-bottes ». À l'école, il y avait déjà des fayots en puissance, ces frotte-manche toujours à tenter de se faire bien voir de la maîtresse. Je ne les aimais pas parce que, en plus, d'être serviles, ils étaient souvent faux-jetons et cafteurs. L'auteur qui a le mieux décrit la flagornerie est sans doute La Fontaine, dans *Le Corbeau et le Renard* :

« Maître Corbeau, sur un arbre perché,
Tenait en son bec un fromage,
Maître Renard, par l'odeur alléché,
Lui tint à peu près ce langage :
"Hé ! bonjour, Monsieur du Corbeau,
Que vous êtes joli ! que vous me semblez beau !
Sans mentir, si votre ramage
Se rapporte à votre plumage,
Vous êtes le Phénix des hôtes de ces bois."
À ces mots le Corbeau ne se sent pas de joie,
Et pour montrer sa belle voix,
Il ouvre un large bec, laisse tomber sa proie.
Le Renard s'en saisit, et dit : "Mon bon Monsieur,
Apprenez que tout flatteur
Vit aux dépens de celui qui l'écoute.
Cette leçon vaut bien un fromage sans doute."
Le Corbeau honteux et confus
Jura, mais un peu tard, qu'on ne l'y prendrait plus. »

HÉRÉTIQUE

(adj. et n.) a pour sens « qui constitue une hérésie ». Une hérésie étant, dans une religion constituée, une doctrine qui n'est pas conforme à l'orthodoxie, au dogme. L'antonyme est *orthodoxe* :

« L'imminente désorganisation du catholicisme était indiquée [...] par l'intensité croissante des tendances hérétiques. »

Cours de philosophie positive, **A. Comte**

L'adjectif s'applique à ce qui professe ou défend l'hérésie : une secte hérétique. Par métaphore, le mot signifie plus généralement « ce qui est contraire à ce qui est couramment admis » ou « celui ou celle qui soutient une proposition, une doctrine contraire à ce qui est couramment admis ».

« On ne dirige pas la littérature, on la supprime tout au plus. La Russie ne l'a pas supprimée. Elle a cru pouvoir se servir de ses écrivains. Mais ces écrivains, même de bonne volonté, seront toujours des hérétiques par leur fonction même. »

Actuelles I, **A. Camus**

LE SAVIEZ-VOUS ?

L'Hérétique, c'est ainsi que le médecin et navigateur Alain Bombard avait baptisé son canot de sauvetage, avant de démontrer en 1952 qu'on peut traverser l'Atlantique sur un boudin de même pas cinq mètres, sans eau, ni la moindre alimentation solide. Très peu de ses contemporains croyaient à sa réussite. La plupart des professionnels avaient prédit son échec.

BORBORYGME

(n.m.) correspond à un bruit sourd produit par les aliments liquides et par les gaz qu'ils dégagent dans l'abdomen. Par extension, on emploie le mot au figuré pour tout bruit bizarre ou parole indistincte et incompréhensible, bredouillement : les borborygmes des canalisations.

« La poésie l'exaspère, le rend presque furieux. [...]. Il a "pissé" sur ses vers autrefois, m'assure-t-il, et, s'il avait encore ses deux jambes valides, nul doute qu'il se dresserait sur elles et qu'il pisserait à nouveau sur ces "borborygmes indignes". »

Les Jours fragiles, Ph. Besson

La vraie question : quelle est l'origine de ces satanés gargouillis qui se manifestent toujours au pire moment ? Elle est digestive ! Quand la nourriture est broyée, imbibée de salive, descend dans l'œsophage pour parvenir dans l'estomac, les sucs gastriques l'aspergent, cela donne une jolie bouillie ballotée au gré des contractions du muscle recouvrant l'intestin. Il s'agit des « mouvements péristaltiques ». Un peu comme ma cousine sur un *dance floor*. Le contenu de notre repas est alors, progressivement mais sûrement, propulsé vers le côlon, puis le rectum... « C'est bien joli tout ça, mais ça n'explique rien ! » J'y viens ! Parfois, l'air se coince dans les petites rainures du gros intestin et toutes ces joyeuses contractions, cet air généré, créent des gaz bruyants à l'intérieur de l'abdomen (si bruyants qu'ils vous font immédiatement repérer) !

GRÉGAIRE

(adj. – latin* gregarius, *de* grex, -egis, *« troupeau ») se dit de certains animaux et de l'homme pour signifier « qui vit par troupeaux » : des animaux grégaires. L'adjectif est pris au sens figuré quand il s'agit de l'homme et de son comportement. L'instinct dit grégaire pousse les individus d'une même espèce à se rassembler et à adopter un même comportement :

« Les enfants qui vivent en commun ont tous ce que les philosophes appellent l'âme grégaire. Ce caractère grégaire est à la fois le danger ou le bienfait possible de l'éducation en commun. »

Mes cahiers, M. Barrès

Grégaire prend souvent le sens péjoratif de *mouton* (de Panurge*).

À méditer, une réflexion de Sénèque (*De vita beata*) :

« Gardons-nous bien de suivre, à la manière des moutons, le troupeau de ceux qui précèdent en allant non pas vers où il faut aller, mais simplement où vont les autres. Car rien n'entraîne à de plus grands malheurs que de se conformer à la rumeur publique, en estimant que les meilleurs choix sont ceux du plus grand nombre, de se laisser conduire par la multiplicité des exemples – cela parce que nous vivons non d'après la raison mais dans un esprit d'imitation. »

* Moutons de Panurge : Panurge est un personnage de Rabelais (1494-1553). L'expression provient d'une scène du *Quart Livre*, lorsque Panurge, depuis un bateau, jette à la mer l'un des moutons du marchand Dindenault, entraînant à sa suite le reste du troupeau ainsi que Dindenault lui-même.

DILIGENCE

(n.f.) vient du nom latin *diligentia*, « rapidité », « zèle », « exactitude », « attention », « vigilance ». Je vous vois déjà monter sur vos grands chevaux ! *« Diligence*, un mot mal connu ?! » Effectivement, tout le monde connaît le véhicule hippomobile fermé à quatre roues qui servait au transport des personnes d'une ville à l'autre. Difficile de ne pas penser à la BD *Lucky Lucke*. *La Diligence* est, d'ailleurs, le titre de la 47e histoire de la série. Cette *diligence*-là est effectivement bien connue. En revanche, la *diligence* au sens de « promptitude, rapidité efficace, empressement » est nettement moins maîtrisée. Elle reste fréquente dans l'expression *faire diligence*, « faire quelque chose promptement, se dépêcher ».

Diligence a aussi le sens de « soin appliqué dans l'exécution d'une tâche » : travailler, écouter avec diligence. Le contraire ici serait *négligence*. Et c'est bien dans cette acception que l'employa Proudhon :

« Cette question [relative au plébiscite] est encore toute neuve, on me pardonnera de la traiter avec une certaine diligence. »

***La Révolution sociale démontrée par le coup d'État du 2 décembre 1852*,**
J.-P. Proudhon

LE SAVIEZ-VOUS ?

En droit, *à la diligence de* a un sens bien particulier et signifie « sur la demande de ».

HIATUS

(n.m. – latin* hiatus*, « ouverture », de* hiare*, « s'entrouvrir ») désigne en linguistique une succession immédiate de deux voyelles qui appartiennent à des syllabes différentes du même mot (hérOÏque, ÉOlienne, rÉUssir), ou à la frontière de deux mots (il A Oublié, nous sommes À Avignon).

« Il faut continuer, il est vrai, par : "J'ai z'un coquin de frère…", ou risquer un hiatus terrible ; mais pourquoi aussi la langue a-t-elle repoussé ce z si commode, si liant, si séduisant […] ? »

Les Filles du feu, G. de Nerval

Au sens courant, un hiatus est un manque de continuité, une interruption posant problème, une contradiction dans une suite logique, une suite d'événements : un hiatus entre les discours affichés et les réalisations. Enfin, en médecine, il s'agit de tout orifice anatomique de forme étroite et allongée.

Attention ! Au début d'un mot, un H est soit muet soit aspiré : pour savoir si le H est aspiré, on doit pouvoir placer un article défini (le ou la) devant le mot sans l'élider : le héros (et non « l'héros ») ou la hache (et non « l'hache »). *Hiatus* est un cas particulier, il bénéficie d'une tolérance dans l'usage courant. Alors qu'il commence classiquement par un H muet (on devrait dire « un niatuss »), on prononce plus couramment « un yatuss ».

Comme quoi, il existe parfois un hiatus entre ce que recommande l'orthodoxie linguistique et l'usage. Généralement, à plus ou moins long terme, l'usage l'emporte.

EUPHÉMISME

(n.m.) est le nom d'une figure de style qui consiste à atténuer une idée déplaisante. Des euphémismes, il y en a plein du fait du politiquement correct ambiant. On a ainsi remplacé *surcharge pondérale* par *embonpoint, demandeur d'emploi* par *chômeur, balayeur* par *technicien de surface, victimes civiles* par *dommages collatéraux, alcoolique* par *intempérant* ou *personne à sobriété différée, unijambiste* par *personne à mobilité tronquée, cul-de-jatte* par *personne à mobilité doublement tronquée*... Sinon, on n'*expulse* plus les gens, on les *reconduit à la frontière* ! On ne *réduit* plus, on *restructure*, on *réorganise* !

Les précieux, à l'époque de Molière, abusaient déjà des métaphores euphémisantes (*soucoupe inférieure* pour « chaise percée »). En réalité, on cherche à se donner bonne conscience sans résoudre les problèmes.

ET VOUS ? PRATIQUEZ-VOUS L'EUPHÉMISME ?

Une personne fort laide vous demande si vous la trouvez jolie. Que lui répondez-vous ?

a) C'est la beauté intérieure qui compte !

b) Bien sûr !

c) Comme Thierry Lhermitte (*alias* Pierre) dans *Le Père Noël est une ordure* : « [Vous n'êtes] pas moche. Vous n'avez pas un physique facile. C'est différent ! »

d) Honnêtement, non !

Le problème avec les euphémismes, c'est qu'ils mettent souvent en évidence ce qu'ils tentent de dissimuler... Avec un peu de chance, cette personne sera également à *vitesse cérébrale réduite* !

INCURIE

(n.f. – latin* incuria, *de* cura, *« soin »), étymologiquement, caractérise l'absence de souci de soi ou d'autrui. L'incurie est le manque d'application, la négligence extrême : incurie administrative, gouvernementale, professionnelle.

« Ce volume, [...], convaincra tous ceux qui le liront que, d'avril 1854 à juillet 1870, la France a constamment marché vers le fatal dénoûment de janvier 1871, par le fait de l'impéritie de l'empereur Napoléon III et de l'incurie de ses ministres. »

Dossier de la guerre de 1870, **Préface, É. de Girardin**

LE SAVIEZ-VOUS ?

En psychiatrie, l'incurie est une affection qui apparaît parfois chez les personnes atteintes de graves dépressions et du *syndrome de Diogène*. Ce comportement s'explique par une incapacité à se séparer des objets : jeter est impossible, car il en résulte trop de souffrance.

Parents, rassurez-vous ! Aucun rapport avec votre ado qui mange des chips en cachette sous sa couette, laisse traîner ses vêtements, ignore l'utilité de la douche... votre ado est juste ado !... Et les ados, ça me connaît ! (Voir *#Balance ton ado*, First.)

HOMOLOGUE

(adj. – grec* homologos, *« concordant ») signifie « qui correspond à quelque chose d'autre, qui en a le même rôle, le même caractère dans un système différent » : un capitaine de vaisseau est l'homologue dans la marine d'un colonel dans l'armée de terre. Se dit également d'organes qui ont même structure fondamentale, même origine embryonnaire et mêmes connexions, mais dont la fonction peut être différente (s'oppose à *analogue*). En tant que substantif, il désigne une personne qui exerce les mêmes fonctions : le ministre des Affaires étrangères a rencontré son homologue américain.

Homologue me fait penser à *confrère* (personne qui exerce une même profession (libérale) qu'une autre). Pierre Daninos, écrivain et humoriste, se plaisait à dire qu'« un confrère est un personnage sans aucun talent qui fait, inexplicablement, le même métier que vous ».

HOMOLOGUE, ANALOGUE OU IDENTIQUE ?

Ne pas confondre ces trois adjectifs :

a) Daniel est charmant, mais a des idées relativement .... à celles qu'on pouvait avoir au Moyen Âge.

b) Le corbeau a rédigé un courrier parfaitement .... au précédent.

c) « Amiral » est le grade .... de « général ».

Réponses : a) Analogue (comparable, ressemblant) b) Identique (parfaitement semblable) c) homologue

ICONOCLASTE

(adj. et n. – grec byzantin* eikonoklastês, *« briseur d'images ») qualifie celui qui, pour des motifs de pureté religieuse, proscrit le culte des images, la représentation plastique du divin : « Les Romains, dit Plutarque, n'élevèrent point de statue aux dieux jusqu'à l'an 170 de Rome. Toutes les nations héroïques, Perses, Romains, Germains [...], furent longtemps iconoclastes » (*Histoire romaine*, J. Michelet). Au figuré, un iconoclaste est une personne qui s'oppose à toute tradition et qui se livre à des destructions gratuites, souvent sous prétexte de modernisme :

« C'est un ennemi de Watteau, un ennemi de Raphaël, un ennemi acharné du luxe, des beaux-arts et des belles-lettres, iconoclaste juré, bourreau de Vénus et d'Apollon ! »

Salon, Ch. Baudelaire

« "Quant au buste, tu me feras plaisir si tu m'en débarrasses". [...] Il monta sur une chaise et, tirant Blaise Pascal par la base qu'il pouvait seule atteindre, le fit tomber sur le plancher où il se brisa en morceaux avec un bruit horrible. L'académie poussa des hourras en l'honneur de l'iconoclaste. »

La Vie en fleur, A. France

BON À SAVOIR

Un icono a parfois une mauvaise image, mais n'en faites pas un iconoclaste pour autant ! Il s'agit, dans une rédaction, du journaliste en charge de l'iconographie.

FOMENTER

(v.tr. – bas latin* fomentare*, du latin classique* fomentum*, « calmant ») est un infinitif littéraire qui signifie « entretenir, exciter des actions, des sentiments violents et destructeurs » : fomenter la division, un complot, la rébellion, la révolte...

LE SAVIEZ-VOUS ?

Autrefois, *fomenter* avait le sens médical de « réchauffer quelqu'un ; entretenir (la chaleur de quelque chose) ». La fomentation était l'application externe d'une médication chaude (boues, serviettes) pour lutter contre une inflammation.

En revanche, si vous lisez « la fomentation des guerres intestines », il ne s'agit pas de troubles digestifs, mais bien du fait d'exciter et d'entretenir des conflits !

SÉDITIEUX

(adj. et n.) signifie « qui fomente ou prend part à une sédition ». Autrefois, une sédition était un soulèvement concerté contre l'autorité établie. Il s'agissait d'un crime contre la sûreté de l'État. Aujourd'hui, il s'agit – « juste » – d'un complot ou d'un mouvement insurrectionnel.

Séditieux est synonyme de *contestataire, frondeur, rebelle, révolté, mutin* ou encore *réfractaire*. On peut l'employer en tant que nom (espèce de séditieux !) ou, comme adjectif, à propos de choses (propos, écrits séditieux).

« Il arriva à ma mère, sous la Terreur, de chanter une chanson séditieuse contre la république. Le lendemain, on vint faire une perquisition chez elle. »

Histoire de ma vie, G. Sand

ÉGÉRIE

(n.f. – de Égérie, nom propre), par allusion à la nymphe des sources qui conseillait Numa Pompilius, roi des Romains, désigne une femme qui passe pour l'inspiratrice d'un homme politique, d'un artiste, d'un écrivain… une sorte de muse.

« Nous aimerions avoir connu Mme de Pompadour qui protégea si bien les arts, et nous nous serions autant ennuyés auprès d'elle qu'auprès des modernes égéries, chez qui nous ne pouvons nous décider à retourner tant elles sont médiocres. »

***Le Côté de Guermantes*, M. Proust**

Ce néologisme a été créé par Balzac en 1846. Il l'utilise comme nom propre dans *Les Comédiens sans le savoir* : « Le tiers des lorettes, le quart des hommes d'État, la moitié des artistes consulte madame Fontaine, et l'on connaît un ministre à qui elle sert d'Égérie », puis comme substantif dans *La Cousine Bette* : « Je serais député, je ne ferais point de "boulettes", car je consulterais mon égérie dans les moindres choses. »

Le mot est aussi employé pour désigner une femme choisie par une marque comme ambassadrice : Lily-Rose Depp est l'une des égéries de Chanel.

LE SAVIEZ-VOUS ?

C'est par antonomase (grec *antonomasia*, de *anti*, « à la place de », et *onoma*, « nom ») que le terme *égérie* désigne une femme choisie comme inspiratrice. Il s'agit d'une figure de style consistant à remplacer un nom propre par un nom commun ou inversement : un tartufe pour un hypocrite, un harpagon pour un avare…

IMPÉTRANT

(n.m.) désigne une personne qui obtient un titre, un privilège d'une autorité compétente et s'emploie notamment pour nommer celui qui vient de réussir un examen. Si son sens semble clair et précis, force est de constater qu'on l'emploie souvent à tort pour dire « postulant ». Confondre les deux, c'est commettre un lourd contresens, le postulant étant juste le candidat à un emploi ou à une fonction. Il n'est ni bénéficiaire ni titulaire de quoi que ce soit. Donc attention à ne pas employer *impétrant* à la place de *candidat*, puisque précisément ils ne sont pas à la même place.

« Ah ! J'oubliais ! Le jury va se retirer pour délibérer. Nous reviendrons ensuite pour vous communiquer officiellement le résultat et demander à l'impétrant de prononcer le serment d'Hippocrate. »

***Naissance d'une faculté*, J.-P. Borel**

LE SAVIEZ-VOUS ?

En Belgique, on enterre les impétrants selon leur conduite !

Rassurez-vous, il s'agit d'un terme de jargon de chantier pour évoquer toute canalisation ou tout câble enterrés.

« L'ensemble des nouvelles infrastructures ne comprend aucun plan des impétrants, pourtant très nombreux à cet endroit » (Commune d'Uccle, service de l'urbanisme, commission de concertation séance du 22 septembre 2010).

CONTINGENCE

(n.f. – latin* contingens, *de* contingere, *« arriver ») a pour définition « caractère de ce qui est contingent » ; « éventualité, possibilité que quelque chose arrive ou non ». Pour les philosophes, la contingence est la manière d'être d'une réalité (être ou chose) susceptible de ne pas être. Ses antonymes sont *déterminisme* et *nécessité*. Au sens courant, au pluriel, les contingences sont « ce qui peut advenir ou non ».

« C'est pourquoi hier, rue Lafayette, à cinq heures et demie, en pleine averse, les passants contemplaient avec surprise cet employé modèle répandant dans la rue ruisselante de pluie toute l'eau de son tonneau d'arrosage. L'arroseur de la rue Lafayette entend donner le bon exemple et s'acquitter de son devoir sans s'occuper des contingences. »

***Des histoires de Paris,* P. Esperbé**

LE SAVIEZ-VOUS ?

Le substantif *contingent* désigne une quantité de personnes ou d'objets dépendant justement de diverses contingences : « Il enrôlait ainsi un nombre suffisant d'écoliers endettés, de villageois fainéants [...]. Parfois il fallait compléter le contingent au cabaret, et plus d'un naïf paysan se vit [...] engagé sous les drapeaux » (*La Vie littéraire,* A. France). Par glissement de sens, on parle du *contingent* pour évoquer les jeunes gens appelés à une même date sous les drapeaux pour effectuer leur service militaire : l'appel d'un contingent.

INANITÉ

(n.f. – latin* inanitas, *de* inanis, *« vide ») qualifie ce qui est vide, sans réalité, sans intérêt.

« Il sembla ne pas entendre qu'on lui nommait quelqu'un, aucun muscle de son visage ne bougea ; ses yeux, où ne brilla pas la plus faible lueur de sympathie humaine, montrèrent seulement dans l'insensibilité, dans l'inanité du regard, une exagération à défaut de laquelle rien ne les eût différenciés de miroirs sans vie. »

À *l'ombre des jeunes filles en fleurs*, M. Proust

Au sens figuré, il s'agit de ce qui est inutile, futile, vain : l'inanité d'un effort.

« Un grand nombre d'esprits se croient définitivement et entièrement inaptes à penser mathématiquement. Ils sont dès le commencement rebutés par l'inanité de leurs efforts. »

***Entretiens avec Paul Valéry*, F. Lefèvre**

LE SAVIEZ-VOUS ?

L'adjectif *inane* existe et signifie, sans grande surprise, « sans valeur, sans intérêt » : « C'est une détestable poésie, inane, sans souffle intérieur. Ces phrases-là n'ont ni muscles ni sang » (*Correspondance*, G. Flaubert).

Aucun lien avec *insane* (anglais *insane*, du latin *insanus*, « qui a perdu la raison », « contraire au bon sens ») : une remarque *insane* est *inane* tandis qu'une remarque *inane* n'est pas *insane*. Trêve de futilité, passons au mot suivant !

APOGÉE

(n.m. – grec* apogeion, *« éloigné de la Terre ») désigne le point de l'orbite d'un corps céleste où la distance de ce corps à la Terre est maximale : l'apogée du Soleil, de la Lune. Au sens figuré, l'expression *être à son apogée* signifie « être au plus haut degré qu'on puisse atteindre » : être à l'apogée de sa carrière, de la gloire. Les synonymes sont *sommet, summum, zénith, faîte, point culminant.*

« La splendide félicité de Gwynplaine et de Déa était, pour l'instant, absolument sans ombre. Elle était peu à peu montée jusqu'à ce point où rien ne peut plus croître. Il y a un mot qui exprime ces situations-là, l'apogée. Le bonheur, comme la mer, arrive à faire son plein. »

L'Homme qui rit, V. Hugo

« Les grandes périodisations cycliques de l'histoire, le mythe de l'âge d'or chez les Grecs ou la chute des dynasties dans la Chine ancienne, décrivent l'histoire comme une succession d'apogées et décadences. »

Encyclopædia Universalis

Le contraire existe, on parle du *périgée*, le point de l'orbite d'un corps céleste où la distance de ce corps à la Terre est minimale. Prenons garde à ne pas confondre *périgée* avec *périnée* ! Le périnée étant la zone qui se situe entre les organes génitaux externes et l'anus. Leur seul point commun est le fait d'être des noms masculins qui se terminent en « ÉE », comme quelques rares mots de la langue française : *caducée, gynécée, lycée, mausolée, musée, scarabée, trophée...*

POSTPRANDIAL

(adj.) se traduit par « qui se produit après les repas ».

« Le symptôme du coup de pompe après le repas est une véritable hantise pour tous les managers. Eh bien, il faut savoir que cette somnolence postprandiale, comme l'appellent les médecins, est le signe d'une hypoglycémie ! »

***Mettez un turbo dans votre assiette !*, M. Montignac**

Naturellement *prandial* et *préprandial* existent également. Là, comme j'ai faim, je suis de mauvaise humeur et j'ai un coup de barre, je suis en période préprandiale. Après déjeuner, j'aurai un autre coup de barre, car je digèrerai et serai en période postprandiale. Donc si vous voulez me demander un truc, appelez vers midi. Quoique non, car je suis toujours de mauvaise humeur quand on me dérange durant les repas... Sinon, n'hésitez pas !

TRIVIAL

(adj. – latin* trivialis, *« vulgaire », de* trivium, *« carrefour) est-il trivial ? J'en doute ! Sinon, il ne serait pas dans ce livre. L'adjectif, qui a pour sens « banal, commun », peut aller jusqu'à signifier « vulgaire, obscène » : des plaisanteries triviales.

« [...] Jean-Paul, dont je vous rapporte textuellement les paroles, pour vous apprendre à éviter ce langage trivial qui sied mal aux enfants bien élevés. »

***Les Mésaventures de Jean-P. Choppart*, L. Desnoyers**

LE SAVIEZ-VOUS ?

Les dieux triviaux romains présidaient aux carrefours. Par extension, l'adjectif s'emploie à propos d'un monument « qui s'élève à un carrefour » : une statue triviale.

ÉTHOLOGIE

(n.f.) est issu de deux mots grecs : *ethos* qui signifie « mœurs » et *logos* qui signifie « science ». L'éthologie est donc étymologiquement la « science des mœurs ». Elle est précisément l'étude des comportements des espèces animales. Cette étude peut porter sur toutes sortes d'animaux : sauvages, domestiques, et même les êtres humains. Les éthologues étudient aussi bien le comportement individuel que le comportement d'un groupe.

LE SAVIEZ-VOUS ?

Vous vous souvenez sûrement de Dian* Fossey (1932-1985), une primatologue américaine qui a étudié les grands singes au Rwanda. Elle a également contribué à la lutte contre le braconnage de ces primates. Ce qui lui a coûté la vie, elle a été assassinée en 1985. Reconnue comme l'une des plus grandes primatologues de son vivant, elle est l'auteure d'un livre de mémoires, *Gorilles dans la brume,* qui a fait l'objet d'une adaptation cinématographique où son rôle est interprété par Sigourney Weaver.

Attention ! Ne pas confondre *ethnologie* (du grec *ethnos,* « peuple »), étude des peuples et de leur organisation, de leurs coutumes, avec éthologie.

* Je sais, on est tenté d'ajouter un E à son prénom, mais non !

PRODIGE

(adj. et n.) se dit d'un phénomène extraordinaire auquel on attribue une cause surnaturelle. Il a pour synonyme *miracle* : accomplir un prodige, tenir du prodige, toucher au prodige. Que Hélène Drouard, malgré une très, très légère tendance à la procrastination ait terminé ce livre à temps relève du prodige ! Par extension, on entend par là un exploit étonnant, une prouesse exceptionnelle :

« Il n'est pas en notre pouvoir de rendre cette frégate excellente pour la course. Mais il faut considérer l'équipage [...] capable d'accomplir au besoin des prodiges »

Clio, A. France

Le mot est utilisé également pour évoquer la personne qui, par ses talents, ses particularités est un individu hors pair :

« La danseuse-étoile, étincelante, d'une blancheur de diamant, portée par ses jambes puissantes, hissée sur la pointe des pieds cambrés, ployait son buste léger, son dos de cygne, ses bras minces, prodige d'acrobatie et de grâce dansante, volante, tourbillonnante, portée par le vent de la musique [...] »

Le premier accroc coûte deux cents francs, E. Triolet

S'il s'agit d'un enfant, celui-ci est exceptionnellement doué et précoce : Aristide, cet enfant prodige, qui a déjà sauté trois classes. Ce terme est parfois confondu avec un mot de forme voisine : *prodigue*.

INCOERCIBLE

(adj.) s'employait autrefois pour parler d'un gaz qui ne pouvait être comprimé, retenu dans un espace donné, mais je vous laisse entièrement responsable de cette allusion déplacée concernant l'aérophagie de votre belle-mère... Par extension, on l'a utilisé ensuite en parlant d'un trouble physiologique que rien ne peut arrêter. Non, pas la belle-mère... juste le mot *incoercible*. Vous savez que vous allez finir par m'attirer des ennuis ! Par exemple : hémorragies, vomissements incoercibles ; « crises de bâillements incoercibles surtout à l'occasion du moindre effort intellectuel » (*Encyclopédie médicale Quillet*). (Non, je ne parle toujours pas de votre belle-mère.) L'adjectif s'emploie au sens figuré pour qualifier un comportement :

« Il est d'ailleurs probable que si la chenille était douée de raison, elle revendiquerait la liberté de son comportement et imaginerait de plausibles motifs pour justifier son élan incoercible vers la clarté. »

***La Vie et ses problèmes*, J. Rostand**

Le synonyme le plus précis est *irrépressible*. L'exemple le plus joyeux est sans doute le fou rire, rire, par essence, irrépressible.

VINDICATIF

(adj. – latin* vindicare, *« venger ») qualifie une personne rancunière, animée par un vif désir de vengeance : un pervers narcissique est particulièrement vindicatif.

« D'autres souvenirs lui vinrent, de ruptures pareilles dues au caractère vindicatif de Mme Bondel qui ne pardonnait jamais un froissement. »

Contes et nouvelles, Maupassant

LE SAVIEZ-VOUS ?

Apollon fut un dieu vindicatif. Lorsque la belle Cassandre se promit à lui en échange du don de divination mais ne respecta pas sa promesse, il la condamna à ne jamais être crue. Aujourd'hui, *jouer les cassandre* signifie « faire des prédictions dramatiques et exactes qui ne sont pas écoutées ».

VERSATILE

(adj. – latin* versatilis, *de* versare, *« tourner ») signifie « qui change facilement d'opinion, qui est sujet à de brusques revirements ». Vu ses 26 synonymes (*capricieux, changeant, divers, fantaisiste, fantasque, flottant, fugace, incertain, inconsistant, inconstant, indécis, inégal, instable, irrégulier, irrésolu, léger, lunatique, mobile, ondoyant, papillonnant, quinteux, tordu, vacillant, variable, velléitaire, volage*), je me suis dit que les Français devaient l'être particulièrement, mais depuis j'ai changé d'avis...

LE SAVIEZ-VOUS ?

En anglais, *versatile* est beaucoup plus positif, puisqu'il signifie « aux talents variés, polyvalent, universel ».

MORATOIRE

(n.m. et adj. – du latin* moratorius*, de* morari*, « retarder ») est un terme juridique qui désigne une décision d'accorder un délai ou une suspension volontaire d'une action. Il s'agit d'un délai accordé par le législateur à une catégorie de débiteurs dont le paiement des dettes est impossible ou difficile par suite des circonstances (guerre, crise économique, etc.). Il est synonyme de *rééchelonnement*, c'est-à-dire l'allongement de la durée de remboursement d'une dette.

Les « intérêts moratoires » sont une somme d'argent destinée à réparer le préjudice subi par le créancier et causé par le retard dans l'exécution par le débiteur de son obligation de se libérer de sa dette.

Le terme est de plus en plus utilisé dans le langage politique et diplomatique. Par extension, un moratoire est un délai que l'on se donne avant d'appliquer une décision ou de réaliser une action. Il permet d'engager des discussions avec les acteurs concernés pour s'assurer de l'utilité ou de l'intérêt de la décision. Exemples : moratoire sur les OGM, sur la peine de mort, sur les essais nucléaires...

DILATOIRE

(adj. – bas latin* dilatorius, *de* dilatus, *« différé ») a pour sens « qui retarde ou suspend » : user de moyens dilatoires. De façon générale, il s'agit de tout ce qui vise à gagner du temps, à différer quelque chose, notamment par son caractère vague ou ambigu : réponse, moyen, raison dilatoire. Par extension, l'adjectif signifie « qui vise à obtenir un délai, à gagner du temps ».

« Dis à Charles de faire une réponse dilatoire à son libraire. »

Correspondance, V. Hugo

LE SAVIEZ-VOUS ?

Dilatoire me fait penser au verbe *ajourner* qui signifie « remettre à plus tard ». On évitera le pléonasme* « ajourner à plus tard », en retenant que « ajourner à bien plus tard » est admis du fait degré d'intensité, introduit par le « bien plus ».

* Voir Pléonasme page 15.

OMERTA

(n.f.), dans les milieux soumis à la mafia, désigne la loi du silence par crainte de représailles. Par extension, l'omerta est le silence qui s'impose dans toute communauté d'intérêts : briser l'omerta ; la fin de l'omerta sur les violences envers les femmes.

« Il y a une certaine omerta même au plus haut de l'État, presque comme dans les familles, dénonce avec fermeté Véronique Lebard, ancienne responsable du pôle sport, santé, bien-être du ministère des Sports. C'est très dur pour la personne qui parle. Elle a peur d'être mise au ban et je considère que le ministère des Sports n'a jamais pris réellement le problème à bras le corps. »

Site RFI, le 18 décembre 2019

TEMPÉRANCE

(n.f.) correspond à l'une des quatre vertus morales, dites *vertus cardinales*, qui discipline les désirs et les passions humaines : « Les anciens classaient les vertus en quatre familles : Prudence, Tempérance, Force, Justice » (*De la création de l'ordre dans l'humanité*, P.-J. Proudhon). C'est tout moi, ça ! En revanche, pour la modération dans les plaisirs de la table... synonyme de *frugalité, sobriété*, la tempérance s'oppose à la gourmandise : « La tempérance est un des plus sûrs moyens d'entretenir sa santé » (Académie française).

LE SAVIEZ-VOUS ?

Aujourd'hui, dans la langue courante, lorsqu'on dit de quelqu'un qu'il est intempérant, on fait souvent allusion à son ivrognerie. Donc pensez à utiliser *intempérant* avec prudence et tempérance !

PRODIGUE

(adj. et n. – latin* prodigus, *« qui gaspille ; qui produit en abondance ») dérive de *prodigere*, « pousser devant soi ; dépenser avec profusion ». L'adjectif a pour sens « qui dépense à l'excès, sans compter, qui dilapide son patrimoine ». Le « fils prodigue » est celui qui revient au domicile paternel après avoir dilapidé son argent. Cette expression fait allusion à un épisode biblique. On peut ainsi lire dans l'*Évangile selon saint Luc* (15 : 11-32) qu'après avoir dilapidé sa part d'héritage en menant une vie de débauche, un jeune homme repentant rentre à la maison où il est aussitôt pardonné par son père qui « courut se jeter à son cou et le couvrit de baisers », si heureux de le voir revenir, malgré ses fautes : « Mon fils que voici était mort et il est revenu à la vie. » L'enfant prodigue est aujourd'hui celui qui a quitté le foyer familial et qui est accueilli à bras ouverts à son retour.

Petite précision à toutes fins utiles pour les ados : ne rêvez pas trop, il s'agit juste d'une parabole (non, pas le truc moche pour capter les chaînes…). Sachez tout de même que – dans la vraie vie, *irl* – beaucoup de parents préfèrent avoir un fils « prodige » (voir à ce propos votre dernier bulletin scolaire…) que « prodigue », genre machin mou grognon quémandant une avance sur l'héritage après avoir dilapidé ses 2 euros mensuels d'argent de poche. Comment ça, « radine » ?! Si c'est comme ça, vous n'aurez rien !

DIATRIBE

(n.f. – bas latin* diatriba, *du grec* diatribê, *« discussion d'école ») signifie « critique amère et violente ; pamphlet » : une violente diatribe contre le régime ; partir, se lancer, se jeter dans une diatribe ; une injurieuse, violente diatribe. Les antonymes sont *apologie, dithyrambe, éloge, panégyrique*.

« Il improvisait de véhémentes diatribes contre les parlementaires. »

***Les Maîtres*, G. Duhamel**

« Il [Thiers] m'a dit : – [...] Cent journaux me traînent tous les matins dans la boue. Mais [...] je ne les lis pas. – Je lui ai répondu : – C'est précisément ce que je fais [...]. Lire des diatribes, c'est respirer les latrines de sa renommée. »

***Choses vues*, V. Hugo**

Hugo, justement, député à l'Assemblée constituante en juin 1848, manifesta sa détermination à détruire la misère. Il était, par ailleurs, convaincu qu'un des moyens était l'instruction gratuite et obligatoire pour tous. « Obligatoire au premier degré seulement, gratuite à tous les degrés », réclama-t-il dans son discours contre la loi Falloux (juillet 1850), un violent pamphlet contre le parti clérical. La loi Falloux prévoyait de donner une part prépondérante à l'Église catholique dans le système éducatif. Le 15 janvier 1850, Victor Hugo, partisan de l'enseignement laïc, éreinta le projet dans un discours-fleuve à la Chambre, une splendide diatribe !

INEPTIE

(n.f.) se dit du caractère de celui ou de ce qui est inepte. Oui, je suis d'accord avec vous, c'est exaspérant ce genre de définition qui consiste à définir un mot dont on ignore tout par un mot de la même famille dont on ignore tout également. C'est même totalement inepte à bien y réfléchir ! Bon, je sens qu'on piétine* et je vois que vous commencez à perdre patience. Ne nous fâchons pas pour des inepties ! *Inepte* (latin *ineptus*, de *aptus*, « apte ») signifie « qui fait preuve d'une grande sottise ». Une ineptie est une action ou une parole stupide.

« Ils lâchèrent Anquetil, rebutés par l'ineptie de ses réflexions. »

***Bouvard et Pécuchet,* G. Flaubert**

Même s'ils ont la même origine, veillez à ne pas commettre d'ineptie en confondant l'adjectif *inapte*, « qui n'est pas apte (à telle activité) », avec son cousin *inepte* : vos blagues ineptes qui ne font rire personne ; être déclaré inapte à un emploi.

* Aviez-vous vu l'anagramme ? INEPTIE et PIETINE.

SIBYLLIN

(adj.) nécessite de remonter à l'Antiquité grecque pour en connaître l'origine. La Sibylle était une prophétesse d'Apollon qui pouvait faire connaître leur avenir aux hommes qui voulaient savoir ce que les dieux leur réservait. Hélas, ces réponses divines étaient formulées d'une manière si énigmatique qu'elles devaient être interprétées par les humains, avec un certain risque d'erreur...

Ainsi, des *paroles sibyllines* désignent des paroles dont le sens est obscur, mystérieux. Dans cette acception, le terme *abscons* – qui n'est plus abscons puisque nous l'avons traité précédemment (voir page 49) – serait un bon synonyme. On peut parler de style, terme ou texte sibyllin.

Attention aux places respectives du I et du Y : le I est avant le Y.

INIQUE

(adj.) n'a rien avoir avec le fameux « il m'a niqué ! », même si c'est parfois le sentiment que peuvent ressentir certaines personnes en recevant un jugement, à leur sens, abusif et inéquitable. Si l'adjectif peut s'employer envers des personnes qu'on juge injustes à l'excès (il s'est montré inique envers ce brave homme), *inique* signifie de façon plus générale « qui manque à l'équité, qui est contraire à la justice » : une loi inique. Avant de vous fâcher parce que quelqu'un vous aura dit quelque chose comme « nique ta mère ! », demandez-vous s'il ne s'agit pas d'un malentendu. Peut-être voulait-il dire « inique, ta mère ! » On voit l'importance de la virgule* en français.

*La virgule signifie étymologiquement « petite verge »... Mais je ne sais pas pourquoi je vous dis ça, ici.

INNOCUITÉ

(n. f. – latin* innocuus, *« inoffensif ») qualifie une substance qui ne cause aucun dommage matériel, principalement organique (innocuité d'un vaccin, d'un médicament) : « Pour les convaincre de l'innocuité de son breuvage, il en absorba devant eux plusieurs bouteilles » (*Bouvard et Pécuchet*, G. Flaubert).

À ce rythme-là, moi aussi, je peux vous convaincre de la parfaite innocuité des torches aux marrons alsaciennes ! Le mot peut s'employer également au sens de « qui ne cause aucun dommage » (souvent moral) : « À cette jeune fille, je fais un petit discours sur l'innocuité des livres quand on est intelligent » (*Journal*, J. Renard). Utilisé à propos d'une personne, il exprime le fait qu'elle ne cause aucun dommage à autrui, qu'elle est inoffensive :

« Je suppose qu'il devina bientôt qu'il avait affaire à un amoureux éconduit, et que ce fut par compassion sans doute et aussi par une profonde conviction de ma parfaite innocuité qu'il se montra si affable avec moi. »

Journal d'un homme de trop, G. Bernanos

L'antonyme *nocuité* existe, mais il est peu employé. On lui préfère, pour une raison que j'ignore, « nocivité ».

PARADIGME

(n.m. – bas latin* paradigma*, du grec* paradeigma*, « modèle ») désigne l'ensemble des formes que peut prendre un mot présenté comme modèle pour ce type de mot. Ainsi, la conjugaison du verbe *aimer* est le paradigme de la première conjugaison des verbes français. Au sens général, un paradigme est une collection de croyances que l'on prend pour la vérité, au point qu'elles finissent par surdéterminer notre façon de penser. Les coachs expliquent qu'il faut changer de paradigme, car cela permet d'élargir son cadre de référence et de sortir d'un problème en entrevoyant des solutions nouvelles.

GRANDILOQUENT

(adj., formé sur le latin* grandiloquus *; finale -ENT selon le modèle de* eloquens*, « éloquent ») se dit d'une personne qui s'exprime d'une manière pompeuse et emphatique : une oratrice grandiloquente.

On parle aussi de discours, de style, de ton grandiloquent. À une époque où j'avais de mauvaises fréquentations, j'ai connu un homme ampoulé, et pas qu'aux pieds ; pompeux, et pas qu'un peu ! ronflant et précieux ! Avec le recul, le pédant n'était pas si précieux que cela...

« Beaucoup d'anarchistes finirent par se lasser de lire toujours les mêmes malédictions grandiloquentes lancées contre le régime capitaliste. »

Réflexions sur la violence, G. Sorel

SUCCÉDANÉ

(n.m.), venant du latin *succedaneus*, de *succedere*, « remplacer », désigne un produit de remplacement. Comme un nouvel amant ? Disons qu'on utilise plutôt le mot au sens d'*ersatz* : un succédané de café, par exemple ! Même si, je vous l'accorde, le terme a également le sens de « chose ou personne moins valables que celles dont elles assurent le rôle, la fonction ». Néanmoins, je suis certaine que si une femme honnête dit à son mari que son amant est un *succédané*, ledit mari n'aura pas la finesse psychologique de comprendre que c'est à son avantage et tout à fait flatteur pour lui. Pourtant, la définition est claire : « Chose ou personne MOINS valables que celles dont elles assurent le rôle, la fonction. »

PANÉGYRIQUE

(n.m.) qualifie un éloge de quelqu'un, d'une institution... Il s'agit le plus souvent d'un éloge excessif, dithyrambique : faire le panégyrique d'un chef de service. Si *panégyrique* et *apologie* sont perçus aujourd'hui comme synonymes, il existe des nuances entre les deux. Dans des situations impliquant un éloge officiel et public, on préfèrera *panégyrique*, tandis que *apologie* sera plus adéquat dans des contextes où l'idée de plaidoyer est présente. L'anglais *to apologize*, « s'excuser », a conservé quelque chose de ce sens. Selon son étymologie, le panégyrique est un discours à la louange d'une personne ou d'une institution, prononcé devant « tout le monde rassemblé » (grec *panêguris*).

LAPIDAIRE

(n.m. et adj. – latin* lapidarius*, dérivé de* lapis*, « pierre ») désignait au Moyen Âge un traité sur les propriétés des pierres précieuses. De nos jours, le lapidaire est celui qui taille et polit les pierres précieuses, y grave ou sculpte des figures, ou celui qui fait le commerce de ces pierres :

« Voilà dix-huit mois que cette pauvre Louise, la fille du lapidaire, est servante chez lui. »

Les Mystères de Paris, E. Sue

On utilise également le terme, par métaphore, pour un artiste ciseleur du mot, du fond et de la forme d'une œuvre littéraire. Une sorte d'orfèvre de la langue :

« C'est [*Histoire du chien de Brisquet*] un pur diamant taillé par le premier lapidaire du monde : car Nodier était essentiellement lapidaire en littérature. »

François le Champi, G. Sand

En tant qu'adjectif, *lapidaire* a pour sens « qui a rapport aux pierres, qui a rapport aux pierres taillées » : un ouvrier lapidaire. Plus particulièrement, « qui concerne les pierres fines ou précieuses ou leur travail ». Enfin, une inscription lapidaire est une inscription gravée sur la pierre, le marbre, etc. Par extension, au figuré l'adjectif signifie « concis, expressif, ciselé ; auquel il n'y a rien à ajouter » : style, formule lapidaire.

Attention aux homophones : les voyous lapidèrent le lapidaire !

INTERLOPE

(adj.) vient de l'anglais *to interlope* signifiant « sauter entre », d'où « s'introduire, trafiquer dans un domaine réservé à d'autres ». L'adjectif veut dire « qui se fait en fraude » : trafic interlope. *Commerce interlope* fut le nom donné, aux XVIIe-XVIIIe siècles, à la contrebande étrangère dans l'Empire espagnol d'Amérique. Par extension, le mot signifie de façon plus générale « équivoque ; d'apparence louche » : un monde interlope.

Le mot existe, par ailleurs, en tant que substantif, il s'agit d'un usage particulièrement littéraire :

« Il y a Théophile Gautier et ses filles, Peyrat, sa femme et sa fille, Gaiffe, et un de ces interlopes quelconques, qui semble toujours faire le quatorzième de la société. »

***Journal*, E. de Goncourt**

Une petite digression* ? Treize portant malheur, faire le quatorzième, c'est être de tous les dîners où, sinon, on serait treize à table. Je trouve que ça fait un peu écornifleur**.

LE SAVIEZ-VOUS ?

Aucun lien entre *interlope* et *lope* (homosexuel), en argot de la fin du XIXe siècle. Aussi, un bar *interlope* n'est en aucun cas un bar homosexuel, juste un endroit malfamé, fréquenté par des gens louches indépendamment de leur orientation sexuelle.

* Digression. **Écornifleur : voir page 31.

LACONIQUE

(adj.). Je pourrais vous en parler rapidement, mais vous imagineriez à juste titre que je profite de la situation. Et pour cause… être laconique, c'est s'exprimer avec une grande concision, en peu de mots et éviter toute parole inutile. L'adjectif tire son origine de la Laconie, une région de la péninsule du Péloponnèse où se trouvait Sparte, dont les habitants étaient connus pour être brefs dans leurs propos. Les volubiles jacasseurs n'avaient manifestement pas le droit de cité. Pour exemple, lorsque, le roi Philippe de Macédoine menaça les Spartiates d'un « Si j'envahis la Laconie, vous serez chassés », ils se contentèrent de répondre : « Si… » On trouvera difficilement plus laconique !

L'équivalent de « Avec des *si*, on mettrait Lutèce en amphore ! »

LE SAVIEZ-VOUS ?

Les Spartiates étaient forts, mais Totor* également ! C'est effectivement l'auteur des *Misérables*, qui remporta la palme de la concision, quand, voulant s'enquérir des recettes d'un de ses romans, il envoya à son éditeur une lettre qui contenait un simple « ? ». L'éditeur répondit sur le même mode : « ! » Comme quoi on peut en dire long tout en étant particulièrement laconique !

* Victor Hugo, pour les intimes, notamment pour Juliette Drouet, maîtresse de l'écrivain.

LÉTAL

(adj. – latin* letalis, *« mortel », de* letum, *« mort ») signifie « qui provoque la mort ; qui fait qu'un organisme (animal ou végétal) n'est pas ou n'est plus viable » : une dose létale (il s'agit de la plus petite dose entraînant la mort d'au moins 50 % des organismes auxquels elle est appliquée).

« Une irradiation d'une minute produit déjà des lésions que l'on peut apprécier en mesurant l'aire de la zone de croissance. On atteint la dose léthale pour une irradiation de cinq minutes environ. »

***La Vie cellulaire*, J. Verne**

Une arme non létale, également appelée *sublétale* ou *incapacitante*, est conçue pour que la cible ne soit pas tuée ou blessée gravement. Ce type d'arme est essentiellement utilisé pour le maintien de l'ordre, dans la dispersion d'émeutes ou l'autodéfense.

Quant à l'injection létale, Charles Brooks Jr. (né le 1er septembre 1942 – exécuté le 7 décembre 1982 au Huntsville Unit à Huntsville, Texas) fut le premier à en « bénéficier ». Ce meurtrier américain fut le premier condamné dans l'histoire des États-Unis à être exécuté sous la forme d'une injection. Il mourut en sept minutes.

LE SAVIEZ-VOUS ?

Le réflexe de la mort qui tue : a priori, on désinfecte toujours la peau avant de faire une injection létale.

EXÉGÈSE

(n.f. – grec* ekségêsis, *« exposition ») se définit comme l'explication d'un texte obscur ou sujet à discussion. Cela correspond généralement à une interprétation et à un commentaire détaillés : faire l'exégèse d'un discours politique. On parle également d'exégèse biblique pour l'interprétation des textes bibliques, mettant en œuvre toutes les disciplines capables d'en éclairer la signification. Au sens plus général, une exégèse est une analyse interprétative d'un texte de la pensée d'un auteur : exégèse hugolienne, shakespearienne... Fort bizarrement, je n'ai jamais entendu parler d'exégèse « drouardienne », ce qui laisse supposer que mes textes sont aussi limpides que ma pensée !

« [La poésie] est la proie de l'exégèse qui est sans conteste une muse puisqu'il lui arrive de traduire en clair nos codes, d'éclairer nos propres ténèbres et de nous renseigner sur ce que nous ne savions pas avoir dit. »

***Poésie critique*, II, « Monologues », J. Cocteau**

LE SAVIEZ-VOUS ?

Exégète (grec *eksêgêtês*, « interprète ») est le nom donné à une personne qui est spécialiste de l'exégèse, de l'interprétation philologique et doctrinale des textes sacrés, de la Bible, mais également, à celui qui fait l'exégèse d'un texte, qui interprète la pensée d'un auteur : un exégète de Franz Kafka. Pourquoi de Kafka ? Peut-être parce que je n'ai jamais rien compris aux œuvres de cet auteur !

HUIS CLOS

(n.m.) est le nom donné aux débats judiciaires hors de la présence du public. (Le huis clos peut être ordonné par le juge lorsque les débats présentent un danger pour l'ordre public ou les bonnes mœurs.) *À huis clos* signifie « toutes portes fermées, sans que le public soit admis » puis, par extension, « en petit comité, en secret ».

« Trois jours après, ils ont occupé la ferme, ont institué un tribunal ; le fermier, mis à la torture, suivant l'usage du pays avant les Français, a tout avoué. Le tribunal, après avoir délibéré à huis clos, s'est avancé vers le fermier, et l'a lancé dans une grande chaudière qui était sur le feu, et où l'on faisait bouillir du lait pour les fromages. Après que le fermier a été cuit, ils ont forcé tous les domestiques de la ferme à manger de ce mets infernal. »

Rome, Naples et Florence, Stendhal

Attention à l'orthographe du mot ! Veillez à ne pas introduire un trait d'union superflu et fautif.

LE SAVIEZ-VOUS ?

En Angleterre, l'expression se traduit par *in camera*. Attention aux contresens, donc ! Rien à voir avec un tournage. Il s'agit juste de la version littérale latine *in camera* pour « dans une chambre ». Vous filmez ce que vous voulez dans votre chambre, à vos risques et périls ! Tout ça pour dire que « *the hearing was held in camera* » doit être traduit par « l'audience s'est déroulée à huis clos ».

LÉONIN

(adj. – latin* leoninus, *de* leo, leonis, *« lion ») a pour sens premier « qui rappelle physiquement ou moralement le lion, qui est digne d'un lion » : force, crinière, tête léonine. « Son masque léonin s'était empâté ; la crinière avait passablement blanchi » (*Les Thibault*, R. Martin du Gard). On l'utilise aussi au figuré en référence au partage du lion quand l'un des partenaires s'adjuge de façon inéquitable la meilleure part, s'octroie tous les avantages : partage léonin, clause léonine d'un contrat.

LE SAVIEZ-VOUS ?

La « part du lion » fait allusion à la fable de La Fontaine *La Génisse, la Chèvre et la Brebis en société avec le Lion* :

« La Génisse, la Chèvre, et leur sœur la Brebis,
Avec un fier Lion, seigneur du voisinage,
Firent société, dit-on, au temps jadis,
Et mirent en commun le gain et le dommage.
Dans les lacs de la Chèvre un Cerf se trouva pris.
Vers ses associés aussitôt elle envoie.
Eux venus, le Lion par ses ongles compta,
Et dit : "Nous sommes quatre à partager la proie."
Puis en autant de parts le Cerf il dépeça ;
Prit pour lui la première en qualité de Sire :
"Elle doit être à moi, dit-il ; et la raison,
C'est que je m'appelle Lion :
À cela l'on n'a rien à dire.
La seconde, par droit, me doit échoir encor :
Ce droit, vous le savez, c'est le droit du plus fort
Comme le plus vaillant, je prétends la troisième.
Si quelqu'une de vous touche à la quatrième,
Je l'étranglerai tout d'abord." »

ATARAXIE

(n.f. – du grec* ataraxia*, « absence de troubles ») désigne la tranquillité de l'âme résultant de l'absence de tout trouble ou douleur. Cette notion apparaît à l'époque du philosophe Épicure. Après tout, n'est-ce pas le but de toute sagesse de n'être pas affecté par les aléas du destin ? Les synonymes d'ataraxie sont nombreux, avec chacun sa nuance : *apathie, calme, détachement, impassibilité, imperturbabilité, indifférence, indolence, nirvana, paix, philosophie, quiétude, sécurité, sérénité, tranquillité.*

« Par rapport à ce qu'elle viendrait de quitter, une telle âme pratiquerait l'indifférence ou l'insensibilité ; elle serait dans l'"ataraxie" ou l'"apathie" des épicuriens et des stoïciens. Par rapport à ce qu'elle trouve de positif en elle, si son détachement de l'ancien veut être un attachement à du nouveau, sa vie serait contemplation ; elle se conformerait à l'idéal de Platon et d'Aristote. »

***Les Deux Sources de la morale et de la religion*, H. Bergson**

LE SAVIEZ-VOUS ?

Peut-être avez-vous déjà entendu le nom d'*Atarax*. Il s'agit d'un médicament anxiolytique (ou « tranquillisant ») courant en France. Il est prescrit contre les manifestations mineures de l'anxiété chez l'adulte.

EUGÉNISME

(n.m.), terme qui fait froid dans le dos, car il désigne l'ensemble des pratiques de sélection biologique qui ont pour but d'« améliorer » l'espèce humaine. Rien que ça !

Les idées eugénistes remontent à l'Antiquité. Ainsi, à Sparte, on pouvait abandonner à la mort les nouveau-nés anormaux. Mais c'est à la fin du XIXe siècle qu'il y eut une véritable théorisation de l'eugénisme. C'est à cette époque, en 1883, que le mot *eugenics* fut inventé par le Britannique Francis Galton, à partir du grec ἔυγενης, « bien né ». Étymologiquement, l'*eugénisme* se voulait donc la « science des bonnes naissances ».

L'Allemagne nazie a appliqué ce qu'on a appelé des « lois eugénistes ». Pour les nazis, il existait une race supérieure, dite « aryenne », et il fallait appliquer aux personnes autres des mesures comme la stérilisation.

LE SAVIEZ-VOUS ?

Les nazis estimaient qu'il existait un « eugénisme positif », dit « d'amélioration de la race », destiné à favoriser la fécondité des humains considérés comme supérieurs et, parallèlement, un « eugénisme négatif », dit de « défense raciale », destiné à éliminer des maladies héréditaires, puis tout groupe humain considéré comme racialement inférieur ou encore socialement indésirable.

LICENCIEUX

(adj. – latin* licentiosus, *de* licentia, *« liberté ») qualifie les personnes qui mènent une vie déréglée, de débauche ; qui sont indécentes dans leurs actes, leurs œuvres : « la cour licencieuse du régent » (*La Peau de chagrin*, H. de Balzac). Cet adjectif s'emploie aussi pour parler de ce qui est marqué par une trop grande liberté : « Pour donner une idée de la liberté licencieuse de la presse » (*Journal*, E.-J. Delécluze). De façon plus générale, il signifie « qui porte la marque d'une certaine indécence, d'un dérèglement moral ; qui invite à la débauche, indécent » : contes licencieux, chanson licencieuse. Les synonymes sont nombreux : *égrillard, graveleux, grivois, impudique, inconvenant, indécent, libre, obscène, polisson, débauché, dépravé, dévergondé, immoral, libertin*. Les contraires se résument à *chaste* et *pudique*.

LE SAVIEZ-VOUS ?

Jean de La Fontaine fut le plus moralisateur des libertins. Nous connaissons généralement le fabuliste moralisateur. Or, La Fontaine écrivait non seulement des fables, mais aussi des livrets d'opéra, des pièces de théâtre, des poèmes ou encore des contes licencieux. C'est pour accéder à son rêve le plus cher – un fauteuil à l'Académie française – qu'il renia ses premiers contes, se « réconcilia » avec Dieu – ou plutôt avec ses représentants.

GRAVELEUX

(adj.) a deux sens bien distincts. Le premier est « qui contient du gravier » : une terre graveleuse. Le second, « licencieux, presque pornographique » : un humour, un conte graveleux.

LE SAVIEZ-VOUS ?

Autrefois, on parlait de la *gravelle*. Le mot n'évoquait pas une quelconque gravité, mais les concrétions (sorte de gravillons) dont l'élimination peut causer de vives douleurs. Être atteint de la gravelle signifiait « souffrir de calculs rénaux » (de *calculus*, « caillou »). Et pourquoi parle-t-on de calcul en maths ? Parce que l'on comptait avec de petits cailloux !

STUPRE

(n.m.) n'a aucun rapport avec les « stups », bien que le phénomène puisse être stupéfiant quand il agit sur le système nerveux en provoquant un effet narcotique ou euphorisant, dont l'usage répété entraîne une accoutumance et une dépendance… *Stupre* est synonyme de « débauche avilissante, luxure » : un lieu de stupre ; sombrer, se vautrer dans le stupre.

« Elle eut soudain l'horrible et précis rappel de tout ce qu'elle avait fait pour cet homme, de leurs nuits, de cet amour insensé, de cette adoration d'une chair méprisable où elle s'était abaissée et prostituée. Jusqu'où n'avait-elle pas abdiqué sa pudeur et sa dignité, quel stupre n'avait-elle pas accepté pour susciter en lui le frisson du plaisir. »

Invasion 14, M. Van der Meersch

LICITE

(adj. – latin* licitus*, de* licere*, « être permis ») a le sens de « qui est permis par la loi, par une autorité, par les usages » : opérations, moyens licites. Ses antonymes sont : *illicite, prohibé, interdit, illégal.*

Vous avez sûrement entendu parler de « substances illicites ». En France, en accord avec les conventions internationales, certaines substances sont dites *illicites*. Leur production, leur vente, leur détention et leur usage sont interdits par le Code pénal. C'est le cas notamment de l'héroïne, de la cocaïne, du cannabis et de l'ecstasy. Si vous fumez ou si vous êtes accro au café, vous devez déjà savoir qu'il s'agit de drogues *licites*. J'y ajouterais volontiers le chocolat au vu de ma consommation hebdomadaire.

« Je trouvais bien commode que notre amitié fût licite et qu'on m'autorisât à voir Jacques, seule à seul. »

***Mémoires d'une jeune fille rangée*, S. de Beauvoir**

LE SAVIEZ-VOUS ?

Licite est la 1re ou 3e personne du singulier du présent de l'indicatif de *liciter*, la 1re ou 3e personne du singulier du présent du subjonctif de *liciter*, la 2e personne du singulier de l'impératif de *liciter*. Quel est le sens de ce verbe, selon le Larousse ? « Vendre par licitation ». C'est énervant, hein ? Je suis sympa, j'ai été voir pour vous « Licitation ». Il s'agit d'une vente aux enchères d'un bien indivis (en état d'indivision).

NOSOCOMIAL

(adj. – grec* nosos*, « maladie », et* komeîn*, « soigner ») se dit d'une infection contractée à l'hôpital et non directement liée à l'affection pour laquelle le malade est hospitalisé. Ce qui est fâcheux ! On parle aussi d' « infection associée aux soins ». Naturellement, tous les patients ne sont pas exposés au même risque d'infection nosocomiale. Ce risque varie selon l'âge, l'état de santé du patient, le nombre et la durée des actes invasifs subis (perfusions, sondes urinaires...), ainsi que le contexte dans lequel ceux-ci sont effectués (urgence, répétition des actes...). Les germes les plus fréquemment identifiés lors d'une infection nosocomiale sont *Escherichia coli, Staphylococcus aureus* et *Pseudomonas aeruginosa*. À l'heure actuelle, ces infections touchent un patient sur vingt.

LE SAVIEZ-VOUS ?

Une affection *iatrogène* (grec *iatros*, « médecin ») est une maladie développée par le patient à la suite d'un traitement médical qui lui a été administré dans le but de le soigner. La maladie doit être la résultante directe du traitement. En grec, le terme signifie d'ailleurs « provoqué par le médecin ». L'indemnisation des victimes d'une affection iatrogène est prévue depuis la loi du 4 mars 2002 (Code de la santé publique). Quand un évènement dommageable est survenu sans que la responsabilité soit établie, on parle d'« aléa thérapeutique ».

IMPÉRITIE

(n.f. – latin imperitia, de* peritus, *« expérimenté ») désigne l'incapacité, le défaut de compétence dans la profession ou plus souvent dans la fonction que l'on exerce : impéritie administrative, économique, générale, ou impéritie des administrateurs, d'un architecte, de l'état-major, du gouvernement, d'un médecin, des ministres, du pouvoir…

« Il ne s'est pas rencontré un député pour demander des comptes aux généraux dont la criminelle impéritie avait fait mourir cinq mille soldats français de la fièvre, sans une seule blessure du feu de l'ennemi. »

***L'Iniquité*, G. Clemenceau**

Le substantif ne se rapporte pas forcément à une fonction mais parfois juste à un manque d'aptitude par défaut d'exercice :

« Pourquoi ne nous apprend-on pas à nous servir indifféremment de nos deux mains ? Pourquoi tout cet afflux de forces dans notre droite et cette étrange impéritie de notre gauche ? »

***Journal*, J. Green**

La finale –tie se prononce comme « scie » (comme dans *inertie, péripétie*).

Attention ! Ne pas confondre *impéritie* et *incurie*. L'impéritie est le manque de capacité dans la fonction que l'on exerce, tandis que l'incurie est une négligence extrême, un grave laisser-aller. L'*impéritie administrative* n'est pas la même chose que l'*incurie administrative*. Dans le premier cas, on met en doute la capacité de l'administration ; dans le second, on dénonce davantage un profond et coupable je-m'en-foutisme.

PROSÉLYTISME

(n.m.) désigne le zèle déployé pour répandre la foi, pour faire des adeptes, des prosélytes ; par extension, le zèle déployé pour tenter d'imposer ses convictions (esprit de prosélytisme).

« C'est seulement quand il persistait dans sa résolution que le rabbin, à condition d'être convaincu que l'impétrant n'avait que des mobiles purs et désintéressés, pouvait l'admettre dans le giron de la synagogue. Cette réserve, en matière de prosélytisme, provient du caractère même du judaïsme. »

***Le Judaïsme*, J. Weill**

LE SAVIEZ-VOUS ?

Les fonctionnaires ont un devoir de neutralité. Ils doivent assurer leurs fonctions « à l'égard de tous les administrés dans les mêmes conditions, quelles que soient leurs opinions religieuses ou politiques, leur origine, leur sexe » et doivent « s'abstenir de manifester » leurs opinions. Ainsi, ils ne peuvent pas utiliser le « service public comme un moyen de propagande ou de prosélytisme de leurs idées politiques, philosophiques ou religieuses ».

C'est pour cette raison qu'il est interdit de distribuer des tracts politiques dans une école, par exemple : conformément à l'article L. 511-2 du Code de l'éducation, le principe de neutralité doit être respecté dans l'enceinte des établissements scolaires. Ainsi, la distribution de tracts et les opérations de propagande, que leur objet soit politique, commercial ou religieux, y sont interdites.

IMPÉCUNIEUX

(adj.) est issu du latin *pecunia*, « argent ». Même si on dit que « l'argent n'a pas d'odeur », je vous arrête tout de suite ! Ce mot n'a aucun rapport avec un quelconque PQ.

Une personne impécunieuse est quelqu'un qui manque d'argent. Ses synonymes populaires sont *fauché* (comme les blés), *besogneux,* voire *raide comme un passe-lacet.*

Vous allez me dire : « C'est quoi un *passe-lacet* ? » Comme je n'en savais rien, je me suis renseignée pour vous (c'est tout moi, ça !) et j'ai découvert qu'il s'agissait d'un instrument de couture rigide destiné à faire passer un lacet dans une gaine, le genre de lacet qui permet de resserrer un vêtement comme un bas de parka.

« Mais des objets raides, il y en a plein ! Alors pourquoi précisément, ce truc ? » me rétorquez-vous. Vous n'avez pas tort ! Tout simplement, parce qu'au XIXe siècle, en argot, un *lacet* était une sorte de cordelette qui servait aux gendarmes pour attacher les mains d'un repris de justice, et le *passe-lacet* était une image pour désigner le gendarme lui-même. Ce n'est pas pour rien qu'on dit « raide comme la justice » !

Maintenant que je vous ai expliqué cela, je suis un peu embêtée, car cette expression est de toute façon difficile à utiliser vu qu'elle signifie aussi « ivre mort ». Mais reconnaissez que c'était intéressant !

LOGORRHÉE

(n.f.) désigne un trouble du langage caractérisé par un flux de paroles débitées rapidement sur de longues périodes. Ce bavardage intarissable et le plus souvent oiseux est observé dans les états d'excitation de certaines affections mentales. Étymologiquement, *logorrhée* vient du grec *logos*, « parole », et de *rheîn*, « couler », sur le modèle de termes comme… *diarrhée*. Une logorrhée étant parfois qualifiée de *diarrhée* ou d'*incontinence verbale*. Naturellement, je décline toute responsabilité s'il vous prenait l'envie… irrépressible de réutiliser ces expressions sympathiques !

Vous souvenez-vous de… Greg, le dessinateur et scénariste prolifique ? Son personnage phare fut Achille Talon, une espèce de bon bourgeois anarchisant et atteint de logorrhée verbale qui s'est imposé, dès les années 1960, dans les pages du journal *Pilote*. Mais trêve de blabla ! Passons au mot suivant !

ÉPONYME

(adj.) est emprunté au grec *epônumos*, « qui donne son nom ». Dans la Grèce antique, il y avait des dieux *éponymes* qui, donnant leur nom à une ville, l'avaient sous leur protection. Pas bête ! L'exemple classique étant Athéna, déesse éponyme d'Athènes. Par extension, *éponyme* a qualifié des personnages de fiction qui ont donné leur nom à l'œuvre dans laquelle ils apparaissent. Lucien Leuwen est le héros *éponyme* d'un roman de Stendhal et Madame Bovary l'héroïne *éponyme* du plus célèbre des romans de Flaubert.

Attention ! Une erreur fréquente consiste à confondre le héros qui donne son nom et l'œuvre qui reçoit le nom du héros : éponyme ne signifie pas « qui tire son nom de ». Ainsi, on évitera d'écrire ou de dire (bien que ça laisse moins de traces) : « Eugénie Grandet est l'héroïne du roman éponyme de Balzac. » C'est le personnage qui a donné son nom au livre et pas l'inverse. Je peux vous certifier que pour le père Grandet donner et recevoir n'était pas la même chose ! On écrira donc « Eugénie Grandet est l'héroïne éponyme du roman de Balzac ».

ASTUCE !

Quand vous avez un doute sur l'emploi de ce terme, demandez-vous simplement, si on peut le remplacer par l'expression « qui a donné son nom à ». Si la réponse est « oui », *éponyme* est adéquat.

NB : La fille aînée des Thénardier dans *Les Misérables* de Victor Hugo ne s'appelle pas *Éponyme* mais Éponine.

FALLACIEUX

(adj. – latin* fallaciosus*, de* fallacia*, « tromperie ») est un mot littéraire signifiant « qui cherche à tromper, à nuire ; perfide » : des arguments fallacieux. Le raisonnement fallacieux, plein de mauvaise foi, est expressément destiné à tromper. En réalité, pour exprimer l'idée qu'un raisonnement est trompeur, le Français honnête (moi, par exemple !) dispose de plusieurs adjectifs : fallacieux bien sûr, mais aussi, captieux, insidieux et spécieux. Il existe néanmoins quelques subtiles nuances entre ces synonymes. *Captieux* signifie « qui, sous un air de vérité, induit en erreur ». C'est l'idée de séduction qui domine ici. *Insidieux* (latin *insidiosus*, de *insidiae*, « embûches ») se dit de ce qui tend un piège pour tromper. Enfin, est qualifié de *spécieux* (latin *speciosus*, de *species*, « aspect ») le raisonnement qui, sous une apparence de réalité, est dénué de fondement. Qui est susceptible de faire illusion par son apparence de vérité.

En résumé, *captieux* et *spécieux* ont rapport à la logique du raisonnement, tandis que *fallacieux* et *insidieux* ont trait à sa finalité. Je vous avais prévenu : c'est subtil ! Vu le casse-tête, on peut même se demander s'il n'est pas plus simple d'être honnête.

Attention ! Se méfier du pléonasme qui consiste à dire d'un raisonnement qu'il serait « faux et fallacieux ».

LOUVOYER

(v.intr.). Je ne vais pas y aller par quatre chemins, cet infinitif d'origine marine signifie « naviguer tantôt à droite, tantôt à gauche de la route à suivre pour gagner un point qu'un vent contraire ne permet pas d'atteindre directement ».

« Les vents de Sud me forcèrent de louvoyer, toutes voiles dehors, pour doubler l'extrémité méridionale de la nouvelle terre. »

***Voyage de La Pérouse*, L. M. de Milet de Mureau**

Par analogie, celui qui louvoie marchera en zigzaguant : j'ai dû *louvoyer* pour éviter cet ivrogne qui louvoyait sur le trottoir. Le verbe s'emploie également au sens figuré pour dire « prendre des biais pour atteindre son but » : il ne cesse de louvoyer devant les difficultés. Ainsi, on reproche souvent aux politiques de louvoyer au sens de « biaiser, finasser, tergiverser »...

Attention ! Le Y devient I devant le E muet : *il louvoie,* mais *il louvoyait*. Et ne pas oublier le I après le Y aux première et deuxième personnes du pluriel, à l'indicatif imparfait et au subjonctif présent : *(que) nous louvoyions, (que) vous louvoyiez.*

MERCANTILE

(adj. – italien* mercantile*, de* mercante*, « marchand ») signifie « qui pratique le commerce » (société, peuple mercantile) ou plus généralement « relatif au commerce ». Une sorte de synonyme de notre *commercial* moderne :

« Les hommes sont vêtus de brun, à peu près comme les quakers. Une industrie mercantile les occupe presque tous. »

***De l'Allemagne*, Mme de Staël**

En économie, on parle de « système mercantile » ou de « mercantilisme » :

« Les partisans du système mercantile [...] n'étaient autre chose que des partisans de la prérogative de l'argent. »

***Système des contradictions économiques*, P.-J. Proudhon**

Le mot a souvent une acception péjorative : « qui est poussé par l'appât du gain, qui recherche un gain ou un avantage matériel dans toute activité ». On l'utilise pour faire référence à une personne cupide, intéressée : être bassement mercantile. Enfin, par extension, il signifie « qui est motivé par la recherche d'un avantage » :

« Le fameux, le misérable, le mercantile pari de Pascal dégoûterait de tout acte de foi. »

***Le Sablier*, M. Maeterlinck**

Il est fait ici allusion au père des *Pensées* qui encourage le sceptique à croire en Dieu, puisqu'il n'a rien à y perdre.

PANACÉE

(n.f. – latin* panacea, *du grec* panakeia, *« remède contre tous les maux ») désigne un remède prétendu universel contre tous les maux, capable de résoudre tous les problèmes : « Il n'y a pas de panacée sociale » (L. Gambetta).

Attention au pléonasme* ! *Panacée* suffit dans sa définition même à exprimer l'idée de remède universel, donc évitons « panacée universelle », « la panacée de tous les maux » ou encore « une panacée qui guérit tout ». Si, en revanche, vous vous nommez Balzac et si vous écrivez *César Birotteau* en mentionnant « la panacée universelle, le crédit », ce n'est plus fautif, c'est une « licence stylistique » ! En clair, un auteur a tous les droits, pas vous ! Il faut bien qu'on ait quelques avantages !

* Voir Pléonasme page 15.

THÉSAURISER

(v.tr. – bas latin* thesaurizare, *du latin classique* thesaurus, *« trésor ») a pour sens « amasser de l'argent pour le garder, sans le faire circuler ni le placer ». C'est la technique du bas de laine tant appréciée autrefois par les paysans qui n'avaient pas confiance en notre philanthropique système bancaire. Le bon sens est la première des richesses… Par extension, *thésauriser* signifie « amasser des richesses » :

« Ils leur serinèrent les premières fables de La Fontaine. Les enfants approuvaient la fourmi qui thésaurise, le loup qui mange l'agneau, le lion qui prend toutes les parts. »

***Bouvard et Pécuchet*, G. Flaubert**

Attention ! Avec TH- et -AU, même si *trésor* et *thésauriser* ont la même origine.

UBIQUITÉ

(n.f. – latin* ubique, *« partout ») qualifie le fait d'être présent en plusieurs lieux en même temps. *Avoir le don d'ubiquité* se dit de quelqu'un qui semble être partout à la fois :

« Il y avait à Montmartre, dans la rue de l'Abreuvoir, une jeune femme prénommée Sabine qui possédait le don d'ubiquité. Elle pouvait à son gré se multiplier et se trouver en même temps, de corps et d'esprit, en autant de lieux qu'il lui plaisait souhaiter. »

***Le Passe-Muraille*, M. Aymé**

Un ubiquiste est une personne douée d'ubiquité. Le synonyme qui me vient spontanément à l'esprit ? *Mère de famille* ! Vous n'avez pas compris ? Laissez-moi deviner… Vous êtes un homme !

INEFFABLE

(adj. – latin* ineffabilis, *de* effari, *« parler ») est un mot que j'aime beaucoup. Il signifie « qu'on ne peut exprimer par des mots en raison de son intensité ou de sa nature » : un ineffable bonheur. Selon le contexte, *ineffable* peut avoir le sens péjoratif de « qui est d'un ridicule qui dépasse les mots » : une cravate ineffable.

« Faire en sorte que l'ineffable nous devienne familier tout en gardant ses racines fabuleuses. »

***En songeant à un art poétique*, J. Supervielle**

Paradoxalement, je trouve que le concept de l'ineffabilité se décrit fort bien, contrairement à ce qui est ineffable. Loin de moi de vouloir réveiller votre migraine, je vous propose donc de passer au mot suivant !

MITHRIDATISER

(v.tr.) signifie « immuniser contre un poison par accoutumance, afin d'acquérir une insensibilité ou une résistance ».

« Entraînée par une absorption massive de cette drogue, Folcoche était littéralement mithridatisée. Cet excès de belladone lui flanqua seulement une mémorable colique. »

***Vipère au poing*, H. Bazin**

Au sens figuré, *mithridatiser* signifie « rendre insensible, indifférent à quelque chose ».

« Il était déjà si bien mithridatisé par l'habitude que, lorsqu'elle se promenait à demi nue par l'appartement, il ne levait même plus les yeux pour la regarder, elle si jolie. »

***Le Démon du bien*, H. de Montherlant**

LE SAVIEZ-VOUS ?

Ce verbe fait référence au roi du Pont (correspondant à une partie de l'actuelle Turquie), Mithridate VI (132 av. J.-C. -63 av. J.-C.), qui, craignant d'être empoisonné, avait acquis une parfaite maîtrise des poisons et de leurs antidotes. Selon la légende, il aurait même réussi à s'immuniser contre des substances toxiques en s'accoutumant à absorber de petites doses de poison. Battu par Pompée, il aurait voulu s'empoisonner, mais ne put mourir qu'en se faisant tuer par un mercenaire. L'histoire de Mithridate a inspiré Racine qui en a fait une tragédie.

NÉPOTISME

(n.m. – italien* nepotismo*, de* nipote*, « neveu », du latin* nepos, -otis*) est le nom donné à une forme de favoritisme qui régnait au Vatican, consistant pour un pape à attribuer des titres, des donations ou des faveurs à ses parents, notamment à ses neveux. De nos jours, par extension, le terme désigne une pratique abusive qui, pour un responsable, consiste à distribuer des honneurs, des avantages ou des emplois à des proches, plutôt qu'aux personnes qui y ont droit ou qui sont les plus compétentes.

Un exemple ? Imaginez un jeune homme de 23 ans, qui n'a pas encore terminé ses études, mais qui brigue, quelques années après son père, la présidence du plus grand quartier d'affaires d'Europe : l'Établissement public d'aménagement de la Défense Seine Arche (EPADESA). Point de pape, ici, mais je peux vous dire que ça avait sacrément ch... des bulles du côté des élus de gauche totalement scandalisés par cette tentative de nomination. Jean Sarkozy avait d'ailleurs fini par y renoncer en expliquant : « Je serai candidat au poste d'administrateur de l'EPADESA, devant l'assemblée départementale. Mais si le suis élu, je ne briguerai pas la présidence de cet établissement public. »

NB : Le scandale des EHPAD (établissements d'hébergement pour personnes âgées dépendantes) n'a rien à voir et, ici, il semblerait que personne, de droite ou de gauche, n'ait jamais eu l'idée de pistonner sa fille ou sa nièce pour qu'elle y devienne aide-soignante.

DISPENDIEUX

(adj. – bas latin* dispendiosus, *de* dispendere, *« dépenser ») qualifie ce qui nécessite une grande dépense, de grands frais : besoins, goûts, plaisirs, train de vie dispendieux ; fantaisies, habitudes de luxe, manies, guerres, expéditions militaires dispendieuses. Les synonymes sont *cher, coûteux, exorbitant, onéreux, ruineux.*

« [Morel] regrettait jusqu'aux dîners dispendieux qu'il avait offerts à la jeune fille depuis qu'ils étaient fiancés et desquels il eût pu dire le coût, en fils de valet de chambre [...]. »

La Prisonnière, M. Proust

INCONGRUITÉ

(n.f. – bas latin* incongruitas, -atis*) qualifie ce qui va à l'encontre du savoir-vivre : dire des incongruités.

« Le seul sourire de l'abbé eût déjà fait comprendre à la comtesse l'incongruité de sa question. »

Les Caves du Vatican, A. Gide

L'incongruité est proche du manque de savoir-vivre. Il s'agit de quelque chose d'inconvenant, de déplacé et de malséant.

Un exemple ? Demandez voir à un écrivain quel est son « vrai » métier ! À la tête qu'il fera, vous constaterez à quel point votre question lui a paru incongrue ! Comme d'habitude, je décline toute responsabilité...

NYCTALOPE

(adj. et n.). La nyctalopie est, aujourd'hui, la faculté de voir dans la pénombre. « Comment ça, aujourd'hui ? Avant, ça n'existait pas ? » Si ! mais c'est un peu compliqué... Emprunté au latin *nyctalops*, « celui qui ne voit pas la nuit », l'adjectif fut jusqu'au début du XIXe siècle utilisé pour exprimer une chose et son contraire : « qui ne voit pas la nuit » et « qui voit bien la nuit ». Heureusement, désormais un sens subsiste : « qui voit bien la nuit ». En fait, un sens demeure, mais pas partout le même ! La Perfide Albion a, elle, décidé de conserver pour son *nyctalopic* le sens : « qui ne voit pas la nuit ».

Une explication du phénomène ? L'œil contient des cellules : les cônes qui assurent la perception des couleurs, les bâtonnets qui permettent la vision *scotopique*, c'est-à-dire avec une luminosité faible. Un animal nyctalope possède un nombre élevé de bâtonnets et voit mieux lorsque la lumière est faible. Le revers de la médaille est qu'il possède moins de cônes et percevra donc moins bien les couleurs (exemples : chat, hibou...).

J'espère vous avoir éclairé sur ce terme obscur !

LE SAVIEZ-VOUS ?

Le bandeau noir sur l'œil des pirates ne servait pas à cacher un œil crevé, mais à favoriser la *nyctalopie*. Pour les marins, un œil non habitué à la lumière développait la faculté de mieux voir dans l'obscurité.

OBSÉQUIEUX

(adj. – latin* obsequiosus, *de* obsequium, *« complaisance ») n'a aucun lien de parenté avec le mot *obsèques*. Vous pouvez immédiatement enterrer cette piste. Appliqué à une personne, il signifie « qui porte à l'excès les marques de politesse, les égards, le respect ou l'empressement envers quelqu'un » (un courtisan, serviteur obséquieux). Les synonymes littéraires sont *adulateur, caudataire, flatteur* :

« Le poète sourit modestement ; et, content de son effet, s'en alla suivi de son escorte obséquieuse. »

Jack, A. Daudet

Par métonymie, il qualifie un élément de comportement qui traduit ce trait de caractère (un sourire obséquieux ; une attitude, manière obséquieuse) :

« Le dos rond de Bordenave, avec son cou de boucher, qui se pliait et se renflait dans une série de saluts obséquieux. »

Nana, E. Zola

Ou encore le comportement lui-même, quand il est porté à l'excès (cordialité obséquieuse) : « Il prit un air aimable, un ton de politesse obséquieuse » (*Splendeurs et misères des courtisanes*, H. de Balzac). Ensuite, tout est naturellement question de contexte ! Si vous me dites que mes œuvres « sont génialissimes », il ne s'agit pas ici d'une quelconque obséquiosité de votre part, mais d'une réelle lucidité !

ERSATZ

(n.m.) est un germanisme (*ersetzen,* « remplacer ») qualifiant un produit utilisé pour en remplacer un autre qui est devenu rare ou qui est considéré comme nocif ou trop coûteux : un ersatz de café, de sucre. L'aspartame et la stévia sont des ersatz, en tant que « produits de remplacement » du sucre, mais ils n'en ont pas la nature nutritive ; on parle aussi de « produits de substitution ». Nous avons traité un mot dont le sens est proche : succédané.

« [...] s'il existe en ce coin reculé de France un seul brasseur qui substitue encore au houblon un ersatz chimique, c'est bien grand malfaiteur, car l'Alsace, à elle seule, regorge en ce moment de houblon au point de ne savoir qu'en faire. »

La France se regarde : le problème de la natalité, L. Naudeau

Au figuré, le terme est essentiellement péjoratif et signifie « une imitation médiocre, un substitut approximatif » : cet ouvrage est un ersatz de science.

Bon à savoir pour les non-germanistes : le mot s'écrit à l'inverse de sa prononciation. Ainsi, le S se prononce comme un Z et le Z comme un S. Invariable, il ne prend pas la marque du pluriel : des *ersatz.*

LE SAVIEZ-VOUS ?

Ersatz, était, utilisé de manière courante dans les territoires occupés pendant la Seconde Guerre mondiale. Mais, en réalité, c'est lors de la Première Guerre mondiale qu'il a fait son entrée dans le vocabulaire.

OSTRACISME

(n.m.) vient du mot grec *ostrakon* qui désignait le tesson de poterie sur lequel chaque citoyen inscrivait son suffrage. À l'origine, l'ostracisme sanctionnait un vote des Athéniens contre un citoyen suspect, alors banni pour dix ans. Ce jugement visait les citoyens trop ambitieux, avides de popularité. Il s'agissait d'une réaction défensive d'une collectivité éprise de justice et redoutant les coups d'État. Cela présupposait l'existence d'un groupe de citoyens se connaissant, aptes à porter un jugement objectif inspiré par un idéal civique commun. Vu de la France d'aujourd'hui, cela peut sembler plus proche de la science-fiction que d'une quelconque réalité. Au sens actuel, l'ostracisme est le fait de tenir quelqu'un qui ne plaît pas à l'écart d'un groupe, d'une manière discriminatoire : être frappé d'ostracisme.

Dans le cadre du harcèlement scolaire, on parle souvent d'*ostracisation*. Le harcèlement n'est pas forcément une atteinte physique. Il peut consister en la propagation de fausses rumeurs dont l'objectif est une forme d'exclusion délibérée.

LE SAVIEZ-VOUS ?

Une forme d'ostracisme fut la *quarantaine*, ce terme désignant la période d'isolement qui était destinée à empêcher la propagation d'une épidémie. On gardait ainsi les personnes supposées contaminées à l'écart, pendant quarante jours. Lors de soupçons de propagation de maladies venues de l'étranger, on trouvait à proximité des ports des bateaux « mis en quarantaine » et signalés par un drapeau particulier interdisant de les approcher.

OXYMORE OU OXYMORON

(n.m.) est le nom d'une figure de style qui réunit deux mots en apparence contradictoires : un silence éloquent. Bien souvent, l'oxymore cherche à créer un effet de surprise. Certains exemples sont célèbres :

« Cette obscure clarté qui tombe des étoiles
Enfin avec le flux nous fait voir trente voiles ;
L'onde s'enfle dessous, et d'un commun effort
Les Maures et la mer montent jusques au port. »

Le Cid, P. Corneille

« Une seconde balle du même tireur l'arrêta court. Cette fois il s'abattit la face contre le pavé, et ne remua plus. Cette petite grande âme venait de s'envoler. »

Les Misérables, V. Hugo

Ou encore :

« Je suis le Ténébreux, – le Veuf, – l'Inconsolé,
Le Prince d'Aquitaine à la Tour abolie :
Ma seule Étoile est morte, – et mon luth constellé
Porte le Soleil noir de la Mélancolie. »

El Desdichado, G. de Nerval

Naturellement, chacun peut en créer : *une belle horreur, un silence explosif, un égoïste généreux, un géant minuscule, une impertinente pertinence...*

PALINDROME

(n.m.) vient du grec *palindromos* signifiant « qui court en sens inverse ». Qu'ont en commun les mots *LOL*, *radar* et *kayak* ? Je vois qu'on ne vous la fait pas à l'envers si facilement ! Effectivement, ils peuvent se lire de la gauche vers la droite ou de la droite vers la gauche. Reconnaissez que c'est plutôt pratique, même si ça n'a aucune utilité. *Ressasser, Mon nom, Ce mec, Le sel, Karine alla en Irak, Engage le jeu que je le gagne, Élu par cette crapule, Eh ! ça va la vache* (j'ignore si les ruminants sont sensibles aux palindromes, mais au cas où !), *La mariée ira mal, Noël a trop par rapport à Léon*... Certains noms propres géographiques sont aussi des palindromes : Laval, Callac ou Noyon. Enfin, Il existe également des dates palindromes : 02/12/2120.

Attention ! Le palindrome ne doit pas être confondu avec l'*anacycle* qui, lui, change de sens en changeant de sens ! D'où la nécessité de bien réfléchir au choix du prénom de votre enfant. Si vous avez opté pour Léon et que le petit s'emmêle les pinceaux, ça deviendra Noël. Si, en revanche, vous avez décidé de le nommer Luc... Vous conviendrez que cette petite digression n'était pas sans fondement !

LE SAVIEZ-VOUS ?

Une petite curiosité que j'aime beaucoup :

11 x 11 = 121
111 x 111 = 12 321
1 111 x 1 111= 1 234 321
11 111 x 11 111 =123 454 321
111 111 x 111 111 = 12 345 654 321
1 111 111 x 1 111 111 = 1 234 567 654 321
11 111 111 x 11 111 111 = 123 456 787 654 321
111 111 111 x 111 111 111 = 12 345 678 987 654 321

PALLIATIF

***(n.m. et adj. – latin médiéval* palliativus*, du bas latin* palliatum*)*, en tant que nom, se dit d'un traitement qui n'agit pas directement sur la maladie, ou qui la soulage sans pouvoir la guérir. De nos jours, on connaît surtout, malheureusement et, en même temps, heureusement, l'expression *soins palliatifs*. Les soins palliatifs sont des soins actifs délivrés dans une approche globale de la personne atteinte d'une maladie grave, évolutive ou terminale. L'objectif de ces soins est de soulager les douleurs physiques et les autres symptômes, mais aussi de prendre en compte la souffrance psychique, sociale et spirituelle. Les soins palliatifs et l'accompagnement considèrent le malade comme un être vivant, et la mort comme un processus naturel. Ceux qui dispensent des soins palliatifs cherchent à éviter les investigations et l'acharnement thérapeutique. Ils se refusent à provoquer intentionnellement la mort. Ils s'efforcent de préserver la meilleure qualité de vie possible jusqu'au décès et proposent un soutien aux proches en deuil.

Attention à la construction ! Le substantif s'utilise avec *de* (et non avec *à*) : des médicaments palliatifs *de* la douleur ; un palliatif de cette difficulté pourrait être... Tout comme on doit écrire directement « pallier quelque chose » et non « pallier à quelque chose ».

CAUSTIQUE

(adj. – latin* causticus*, du grec* kaustikos*, de* kaiein*, « brûler ») s'emploie au sens propre comme au sens figuré. Appliqué à une substance, il signifie « qui attaque, détruit, corrode les tissus organiques » : la soude caustique. Au figuré, qualifiant une personne ou son charmant caractère, il veut dire « qui est cinglant, blessant dans la plaisanterie ou la satire ». Il a pour synonymes *mordant, acerbe* : esprit, verve, humeur, humour, ton caustique.

« C'était un ennemi peu commode que Racine, et ce doucereux était passé maître dans l'épigramme. Comparé à Boileau brusque et franc, mais sans fiel, il nous paraît plus caustique, plus malicieux, plus capable de piquer jusqu'au sang et d'enfoncer l'aiguille avec lenteur. »

Port-Royal, Sainte-Beuve

Caustique donne l'occasion de rappeler qu'il existe toute une palette de rires toxiques : *goguenard, sarcastique* ou, pire encore, *sardonique*, qui doit son appellation à la renoncule de Sardaigne. La sardoine, de son petit nom *Ranunculus sardonicus*, est une herbe toxique, voire fatale, qui provoque des convulsions assorties d'un rictus grimaçant et méprisant.

ÉQUANIMITÉ

(n.f. – du latin* aequanimitas, *de* aequus, *« égal », et* animus *ou* anima, *« âme ») est un joli substantif littéraire pour désigner l'égalité d'âme, d'humeur. Est doué d'équanimité celui ou celle qui garde le même état d'esprit, quels que soient les événements : accueillir un malheur avec équanimité. Alors que d'aucuns s'énervent pour un rien, force est de constater que d'autres possèdent la faculté de rester zen, avec une parfaite tranquillité de l'âme et de l'esprit. Pourtant, soyons honnêtes, lorsqu'on observe le monde qui nous entoure, on a plus souvent envie de « péter les plombs » qu'autre chose. Nous avons d'ailleurs traité un mot qui s'en rapproche beaucoup : l'Ataraxie (voir page 107).

L'adjectif *équanime* existe également : « M. de Chevreuse, toujours équanime, toujours espérant, toujours voyant tout en blanc » (Saint-Simon). Le pire, c'est qu'il n'y a rien de plus énervant, parfois, que les individus équanimes. Vous savez, ceux qui restent indéfectiblement souriants durant les pires grèves alors que vous avez juste envie d'étriper la première personne qui passe.

Néanmoins, on ne peut faire l'impasse sur la question suivante : une personne toujours de mauvaise humeur, donc d'humeur finalement toujours « égale », n'est-elle pas, du coup, équanime ?

INTANGIBLE

(adj.) signifie dans un registre soutenu « à quoi l'on ne peut toucher », c'est-à-dire insaisissable, impalpable : « une épée invisible et intangible » (O. Feuillet). Par extension, l'adjectif qualifie ce que l'on ne doit (ou ne peut) pas changer, modifier ; auquel on ne doit pas porter atteinte. Il se rapproche d'*immuable* et d'*inviolable* : principes, lois, institutions intangibles.

Ne pas confondre *intangible* avec *intouchable* (qui ne peut être l'objet d'aucune critique, d'aucune sanction) : son conseiller est intouchable. Emploi courant et malheureusement couru... Oui, je sais, j'ai l'art de me faire des amis, c'est une manie intangible chez moi !

TRUCULENT

(adj. – latin* truculentus, *« farouche ») a pour sens « qui est haut en couleur, plein de pittoresque et de vigueur » : des personnages truculents.

« Je crois que c'est l'élément grosse bouffonnerie, l'élément Rabelais, le côté truculent et tant soit peu commis-voyageur dont je n'ai jamais pu m'accommoder : le Français, dans ses moments de gros rire, est une de mes impossibilités radicales. »

Journal, Ch. Du Bos

LE SAVIEZ-VOUS ?

À propos de Rabelais, l'adjectif *rabelaisien* existe et fait partie des synonymes de *truculent*. Il se réfère à une gaieté licencieuse et parfois grossière, telle qu'elle s'exprime dans l'œuvre de l'écrivain.

PAMPHLET

(n.m.) fait référence à un court écrit satirique, souvent politique, qui défend une cause d'un ton violent, se moque, critique quelqu'un ou quelque chose : un pamphlet incendiaire, virulent ; écrire un pamphlet contre quelqu'un. Par extension, il s'agit de toute œuvre satirique ou polémique : un pamphlet littéraire, philosophique. Ses synonymes sont *diatribe, factum, libelle, satire.*

« Un nommé Bowring prend la liberté de m'adresser un petit pamphlet où, d'un bout à l'autre, il me présente comme une espèce de monstre, moitié âne et moitié tigre. »

***Lettres inédites à la baronne Cottu*, F. R. de Lamennais**

En parlant de Tigre* :

« L'arrêt de la Cour de Cassation marque un tournant décisif dans l'affaire Dreyfus. Quand l'immortel pamphlet de Zola eut mis la justice en chemin, ce fut pendant une année un des plus furieux combats de l'histoire. »

***Vers la réparation*, G. Clemenceau**

LE SAVIEZ-VOUS ?

Dans son « J'accuse... ! » (lettre ouverte au président de la République Félix Faure), l'écrivain Émile Zola prend la défense du capitaine Alfred Dreyfus (1859-1935), injustement accusé de trahison. Il faut dire que, trois jours plus tôt, le tribunal militaire avait blanchi le véritable traître, le colonel Esterházy. D'une extrême densité, ce texte tient du pamphlet, mais aussi de la plaidoirie scandant les termes « J'accuse », que Clemenceau, directeur de *L'Aurore*, retint comme titre de l'article, un des plus beaux et plus utiles pamphlets, à mon sens.

* Tigre : surnom de Clemenceau.

PÉRIPHRASE

(n.f.) est le nom d'une figure de style qui consiste à dire en plusieurs mots ce qu'on pourrait résumer en utilisant un seul terme. La périphrase permet d'apporter des précisions et de mettre en valeur une caractéristique : « cette auteure géniale » pour « Hélène Drouard ». Plus sérieusement, des périphrases (des vraies !), vous en connaissez plein : la Ville Lumière (Paris), le Roi-Soleil (Louis XIV), l'auteur de *Madame Bovary* (G. Flaubert), le 7e art (le cinéma)... Peut-être vous souvenez-vous aussi des formules des précieuses raillées par Molière dans *Les Précieuses ridicules* ?

JOUONS ENSEMBLE !

Sauriez-vous retrouver le sens des périphrases ci-dessous en vous aidant de la liste proposée ?

Les joues, les fauteuils, un verre, les dents, les yeux, les pieds, les mains, le miroir, la perruque.

Les chers souffrants :
Les belles mouvantes :
Les trônes de la pudeur :
Les perles de la bouche :
Les miroirs de l'âme :
Le conseiller des grâces :
La jeunesse des vieillards :
Les commodités de la conversation :
Un bain intérieur :

Solution : Les chers souffrants : les pieds – les belles mouvantes : les mains – les trônes de la pudeur : les joues – les perles de la bouche : les dents – les miroirs de l'âme : les yeux – le conseiller des grâces : le miroir – la jeunesse des vieillards : la perruque – les commodités de la conversation : les fauteuils – un bain intérieur : un verre.

RÉGALIEN

(adj.), contrairement à ce qu'on pourrait imaginer, n'a rien à voir avec *régal*, il vient du latin *regalis*, « royal ». Le terme se dit d'un droit attaché à la royauté ou qui manifeste une survivance des anciennes prérogatives royales : le droit de grâce du président de la République française est un droit régalien.

L'adjectif est utilisé aussi pour parler des fonctions politiques et administratives qui dépendent directement de l'État ou de son représentant. En France, les ministères régaliens au sens le plus strict concernent l'armée, la police et la justice. Dans un sens plus étendu, repris par le Conseil d'État français, ils concernent également la diplomatie, ainsi que la politique monétaire (droit de battre monnaie) et fiscale (établissement et levée de l'impôt). Les constitutionnalistes appellent fonctions *régaliennes* de l'État les grandes fonctions souveraines qui fondent l'existence même de l'État et qui ne font l'objet d'aucune délégation.

L'adjectif s'est même transformé en substantif. On dit « le régalien » pour désigner ce domaine réservé au président : « L'État doit recentrer ses missions dans les régions sur le régalien. Il faut éviter les doublons avec les collectivités, juge la Cour des comptes » (*Le Monde*, 11 décembre 2017).

PLOUTOCRATIE

(du grec* ploutos, *« dieu de la richesse », et* kratos, *« pouvoir ») désigne un système dans lequel le pouvoir politique est dévolu aux détenteurs de la richesse, ou plus généralement un système politique ou ordre social dans lequel la puissance financière et économique est prépondérante.

« Ayant jeté [...] les yeux sur la France, il vit que, sous le nom de république, ce pays était constitué en ploutocratie, et que [...] la haute finance y exerçait un pouvoir souverain. »

La Révolte des anges, A. France

« J'appelle ploutocratie un état de société où la richesse est le nerf principal des choses [...], où la capacité et la moralité s'évaluent généralement [...] par la fortune, de telle sorte, par exemple, que le meilleur critérium pour prendre l'élite de la nation soit le cens. »

L'Avenir de la science, E. Renan

Par métonymie, souvent à but péjoratif, *ploutocratie* nomme l'ensemble des personnes qui détiennent le pouvoir du fait de leur richesse. L'adjectif *ploutocratique* existe tout comme le nom commun *ploutocrate* (personne qui tire sa puissance, son pouvoir politique de l'argent). On m'a déjà qualifiée de beaucoup de choses, mais jamais de ploutocrate, même pas de graine de ploutocrate. Je ne sais pas pour vous, mais, personnellement, j'ai de la marge...

PRÉGNANT

(adj. – participe présent de l'ancien verbe* prembre, *« presser », du latin* premere*) est un terme littéraire ayant pour sens « qui s'impose à l'esprit, qui produit une forte impression, qui s'impose avec une grande force » : cette thématique est particulièrement prégnante dans les journaux actuellement.

« Je l'entends répéter ses formules prestigieuses […] que j'admire, non certes pour leur seule magie verbale, mais en tant que leur splendeur est prégnante de vérité. »

***De la connaissance historique*, H.-I. Marrou**

Bon à savoir ! Attention, si vous lisez en Grande-Bretagne : « *A pregnant woman obtains 2 months maternity paid leave before and after delivery* », on parle effectivement du terme*, mais de l'autre ! « Comment ça ? Accouche ! On n'y comprend rien ! » (Entre nous, je trouve que votre vocabulaire se relâche.) « *A pregnant woman obtains 2 months maternity paid leave before and after delivery* » ne veut pas dire qu'une femme qui s'impose et produit une forte impression bénéficie de deux mois de salaire avant et après une livraison, mais qu'une femme enceinte bénéficie de deux mois de congé de maternité rémunéré avant et après l'accouchement. En France, l'adjectif avait également le second sens de « qui est en état de gestation », « enceinte » (en parlant d'une femme), « pleine » (en parlant d'une femelle : un petit rappel n'est jamais inutile !), mais il est tombé en désuétude. « [La reine Clémence :] Que n'ai-je été prégnante le soir de mes noces ! » (*La Loi des mâles*, M. Druon).

* Date présumée de la fin d'une grossesse.

PRÉMICES

(n.f. – du latin* primus, *« premier ») s'emploie toujours au pluriel et appartient au registre littéraire. Dans l'Antiquité, les prémices étaient les premiers fruits ou les animaux premiers-nés qu'on offrait aux divinités. Les Romains offraient à leur déesse de l'Agriculture, des Moissons et de la Fertilité – Cérès (Déméter pour les Grecs antiques) – les prémices des récoltes sous forme de guirlandes d'épis. Au figuré, le mot signifie « début, commencement » : ces manifestations furent les prémices de l'émeute ; les prémices d'un amour ; les prémices du printemps, etc.

Attention ! Ne pas confondre *prémices* avec son homophone *prémisses* (latin *praemissus*, de *praemittere*, « annoncer d'avance »). *Prémisse*, qui se rencontre au singulier comme au pluriel, désigne le point de départ d'un raisonnement, d'une démonstration : une théorie fondée sur des prémisses douteuses ; votre raisonnement ne tient pas, parce que la prémisse en est fausse. Dans le domaine de la logique, les prémisses sont les deux propositions d'un syllogisme qui mènent à la conclusion. Exemple : Tous les hommes sont mortels (prémisse majeure). Or Charles-Antoine est un homme (prémisse mineure). Donc Charles-Antoine est mortel (conclusion).

Et si on laissait le mot de la fin à Samuel Butler ? « La vie est l'art de tirer des conclusions suffisantes de prémisses insuffisantes. »

OSTENSIBLE

(adj. – latin* ostensum*, de* ostendere*, « montrer ») est un mot trop discret, insuffisamment connu ! Il signifie « que l'on ne cache pas, qui est fait avec l'intention d'être vu » : une démarche, une provocation ostensible. On peut, selon les contextes, le remplacer par *apparent, manifeste, patent, perceptible, visible.* Est ostensible ce qui n'est pas caché, discret ou encore subreptice (qui est fait ou obtenu illicitement à l'insu de quelqu'un).

« Nous vantons l'opulence toujours ostensible et nous taisons la misère que tant de causes cachent et dissimulent. »

***Rêveries*, Senancour**

IMPAVIDE

(adj.) qualifie un individu qui n'éprouve ou ne manifeste aucune crainte, aucune peur : un air impavide. On l'utilise, par métonymie, pour dire « qui traduit l'absence de peur, l'indifférence » : « Et l'hôte de répondre avec sa politesse impavide : – Je suis enchanté de te voir » (Tharaud, *Fez*).

Attention ! Ne pas confondre *impavide* avec *impassible*. *Impassible* qualifie la personne imperturbable qui ne manifeste aucune émotion, et s'emploie dans tous les registres, alors que *impavide* est littéraire et plus rare : « Le tribunal, impassible, rapide et indifférent, rendait la justice en série » (*L'Empreinte du dieu*, M. Van der Meersch).

CONTRITION

(n.f. – bas latin* contritio*, de* contritus*, « contrit ») désigne l'acte de la volonté par lequel le chrétien se détourne du péché et se dispose à recevoir la grâce pour revenir à Dieu.

« Malgré lui, M. Hyacinthe, saisi par le mystère du lieu, parle bas comme s'il énumérait avec contrition une longue suite de péchés tous mortels. »

Ces dames aux chapeaux verts, G. Acremant

Il s'agit d'un repentir sincère d'avoir commis un péché (s'accompagnant de la volonté de ne plus en commettre).

Les mots sont mon péché mignon. Et vous ? Faites-vous, par exemple, la différence entre : *résipiscence, [faire] amende honorable, amendement, attrition, componction, pénitence, regret, remords, repentance* ? Si oui, bravo ! Si non, vous êtes absous de toute façon : une personne qui lit mes livres ne peut pas être une mauvaise personne.

Et pour information, *résipiscence* (venir à résipiscence, reconnaître une faute avec volonté de s'amender), [faire] *amende honorable* (projet de s'améliorer), *amendement* (modification en vue d'une amélioration), *attrition* (regret d'avoir offensé Dieu, accompagné de la crainte du châtiment), *componction* (tristesse et humilité à l'idée d'avoir offensé Dieu), *pénitence* (regret de ses fautes, accompagné de la ferme volonté de les réparer et de ne plus les commettre), *regret* (peine d'avoir commis un acte répréhensible), *remords* (tourment moral causé par la conscience d'avoir mal agi), *repentance* (regret douloureux de ses péchés).

PROCRASTINATION

(n.f.) est le nom donné à la tendance à différer, à remettre au lendemain une décision ou l'exécution de quelque chose : « cette habitude, vieille de tant d'années, de l'ajournement perpétuel, de ce que M. de Charlus flétrissait sous le nom de "procrastination" » (*La Prisonnière*, M. Proust).

La procrastination est un problème émotionnel fréquent : nous cherchons à fuir l'émotion négative immédiate liée à une tâche pénible. Nous préférons la satisfaction immédiate. Comment l'éviter ? En fragmentant les corvées en étapes. Par exemple, je fractionne ce qui est administratif en me contentant de rassembler les documents nécessaires, avant de m'y attaquer. Même chose pour le ménage : je commence par nettoyer ma gomme avant de viser le nettoyage de l'appartement ! Le problème étant qu'il faut ensuite nettoyer les « pelures » de ladite gomme et que cela ajourne le nettoyage de l'appartement de plusieurs semaines !

LE SAVIEZ-VOUS ?

La procrastination est parfois comparée à l'*oblomovisme*, terme faisant référence à l'apathie légendaire d'Oblomov, héros de l'écrivain russe Ivan Gontcharov, connu pour cultiver un penchant naturel à la paresse en passant ses journées sur son divan. Partisan de la position allongée, Oblomov ne trouve le bonheur que dans le sommeil. Ni son ami Stolz, incarnation de l'énergie, ni la belle Olga ne parviendront à le tirer de sa léthargie. Entreprendre et aimer sont pour lui des choses trop fatigantes ! Ça n'engage que lui, naturellement…

CONCUSSION

(n.f. – du latin* concussio, *de* concussere, *« secouer ») désigne, au sens étymologique, un ébranlement. Au sens courant, il s'agit d'une malversation, d'une infraction commise par un représentant de l'autorité publique ou une personne chargée d'une mission de service public qui, sciemment, reçoit, exige ou ordonne de percevoir une somme qui n'est pas due.

« [...] Croyant tous les hommes politiques véreux, le crime de concussion lui paraissait moins grave que le plus léger délit de vol. »

Le Côté de Guermantes, M. Proust

Passible de la peine capitale sous l'Ancien Régime, la concussion peut aboutir aujourd'hui à une peine de cinq ans de prison et à une amende de 75 000 euros. Le surintendant des finances Nicolas Fouquet, disgracié par Louis XIV, fut sans doute l'une des personnalités les plus célèbres à avoir été condamnées pour concussion. Mais il ne faut pas oublier, avant lui, le poète et homme politique Dante Alighieri, condamné au bûcher en 1302 (finalement contraint à l'exil), le philosophe Francis Bacon, condamné en 1621 à être emprisonné dans la tour de Londres. Et après lui, Fabre d'Églantine, condamné et guillotiné en 1794, pendant la Révolution française.

LE SAVIEZ-VOUS ?

Un « idiophone à concussion » est :

a) une personne pas futée qui se fait rouler sur Internet

b) un politicien malentendant et véreux

c) un instrument à percussion

Réponse : C

HÉGÉMONIE

(n.f. – grec* hêgemonia, *de* hêgemôn, -onos, *« chef ») dans l'Antiquité grecque faisait référence à la prépondérance politique et à la direction des opérations militaires exercée par une cité dans un groupement fédératif. Ainsi, Athènes et Sparte se disputèrent l'hégémonie de la Grèce. À cette époque, un hégémon était un chef militaire et politique.

De nos jours, on parle de l'hégémonie des supergrands pour évoquer leur domination, leadership, prépondérance, supériorité, ou encore toute-puissance. Par extension, le terme qualifie toute suprématie politique et militaire d'une ville, d'un État, d'un peuple sur d'autres. On utilise aussi, avec une nuance péjorative, le mot *impérialisme,* notamment pour les États-Unis. L'adjectif *hégémonique* existe également, au sens logique de « dominateur, tout-puissant » : « L'Europe hégémonique de Napoléon a échoué » (*Histoire de la littérature française,* A. Thibaudet).

LE SAVIEZ-VOUS ?

La notion d'hyperpuissance fut forgée par le ministre des Affaires étrangères H. Védrine pour citer les États-Unis : « Parce que j'ai trouvé que le mot de *superpuissance* était devenu trop archaïque, [...] qu'il avait une connotation presque exclusivement militaire, de dissuasion nucléaire. J'ai trouvé qu'avec les États-Unis qui jouent sur toute la palette des pouvoirs, du plus *hard* au plus *soft*, des missiles nucléaires jusqu'à Hollywood, il me semblait qu'un mot nouveau était devenu nécessaire en français : "hyper", c'est plus gros que "super". »

EXUTOIRE

(n.m. – latin* exutum, *de* exuere, *« débarrasser ») désigne un cours d'eau évacuant les eaux d'un lac ou d'un étang : « le Thiou, exutoire du lac d'Annecy ». Au sens figuré, il s'agit d'un moyen de se débarrasser de ce qui gêne, de ce qui fait difficulté :

« Si l'on échangeait à la face les uns des autres autant d'injures qu'on s'en écrit dans la presse, la vie serait un éternel combat, une intolérable querelle. La presse est donc un exutoire pour la haine et le ressentiment. »

***Souvenirs et idées*, G. Sand**

Ainsi, il s'emploie pour une activité qui sert de dérivatif à des émotions trop fortes : trouver son exutoire dans quelque chose. En ce qui me concerne, je trouve que le rire est la meilleure des thérapies et le meilleur des exutoires :

« Dans une époque pas très drôle, le rire est devenu un exutoire nécessaire. »

« Pourquoi y a-t-il tant d'humoristes en France ? », *Le Monde*, Sandrine Blanchard

Ses synonymes sont *dérivatif* et *diversion*.

Attention ! *Exutoire* est masculin, malgré sa finale en -OIRE. Tout comme : *un auditoire, un accessoire, un ciboire, un conservatoire, un directoire, un grimoire, un infusoire, un interrogatoire, un ivoire, un laboratoire, un mémoire, un observatoire, un oratoire, un pourboire, un prétoire, un promontoire*... Une astuce mnémotechnique ? Ils ne sont pas directement dérivés d'un verbe.

KAFKAÏEN

(adj.) signifie, sans surprise, « relatif à Kafka, à son œuvre », puis par analogie péjorative : « qui évoque l'atmosphère sinistre et absurde des œuvres de Kafka ».

Néanmoins, s'il y a indéniablement de l'absurde chez Kafka, on ne peut résumer son œuvre à cela ! Que l'on pense à ce pauvre Gregor de *La Métamorphose* qui se réveille un matin avec l'apparence d'un cafard ou à Joseph K. qui se retrouve au centre d'un procès bien malgré lui, c'est avant tout le côté oppressant et cauchemardesque qui ressort. Ainsi est-ce parfois abusif de qualifier nos administrations ou encore les ratés de tels ou tels services de « kafkaïens », alors qu'il s'agit juste d'impéritie* ! Oui, je vais encore me faire des amis...

*Voir Impéritie page 113.

FALLACIEUX

(adj.) signifie « qui cherche à tromper, à nuire » : des arguments fallacieux ; des paroles ou promesses fallacieuses ; « quelques bouteilles de piquette aux étiquettes fallacieuses d'Yquem ou de Château-Margaux » (*Marrakech*, J. et J. Tharaud).

Les synonymes sont *captieux*, *mensonger*, *perfide*, *spécieux*. Par extension, *fallacieux* a pour sens « qui n'a pas de base sérieuse, qui est sans fondement » : « [...] elle se laissait abuser par un fallacieux rapprochement d'étymologies et attribuait à ce terme [pédéraste] le sens de coureur à pied » (*Travelingue*, M. Aymé).

En attendant, conformément à sa vraie étymologie (latin *fallaciosus,* de *fallacia,* « tromperie »), l'adjectif prend bien deux L.

PROFANE

(adj. et n.) en tant qu'adjectif a pour sens « qui est dépourvu de caractère religieux, sacré ; qui a trait au domaine humain, terrestre ». On parle ainsi du monde profane, de monuments, d'objets profanes… Par métonymie, il qualifie un auteur ou un artiste dont les œuvres traitent de sujets non religieux : « Peut-être récusera-t-on l'autorité de Montesquieu ; c'est un auteur profane, c'est un philosophe… eh bien ! écoutons un Père de l'Église » (*Procès*, P.-L. Courier).

On utilise également le terme pour évoquer une personne qui n'a pas de religion ou est étrangère à la religion considérée. Les antonymes sont dans ce cas *adepte, fidèle, croyant*. Par analogie, un profane est un individu qui ne fait pas partie d'une association ésotérique. Pour les francs-maçons, les « non-initiés » sont des « profanes ». Enfin, au sens plus large, *profane* (adjectif et nom) qualifie celui ou celle qui n'est pas initié(e) à quelque chose (un art, une science, une technique, certains usages). Entendez par là ignorant, incompétent, béotien*, contrairement au connaisseur et au spécialiste : les profanes de la science ; aux yeux du profane ; être profane en la matière.

En tout cas, on ne pourra plus dire que vous n'êtes pas un pro du mot *profane* !

* Voir Béotien page 20.

PROLIFIQUE

(adj. – latin* proles, *« lignée », et* facere, *« faire ») veut dire « qui se multiplie rapidement » :

> **« J'ai plus d'une fois, comme tout amateur d'abeilles, fait venir d'Italie des reines fécondées, car la race italienne est meilleure, plus robuste, plus prolifique, plus active et plus douce que la nôtre. »**
>
> *La Vie des abeilles*, M. Maeterlinck

Les lapins sont particulièrement prolifiques, mais les Renard aussi si on se fie à l'œuvre féconde du père de *Poil de carotte* ! Le terme se dit également d'un écrivain, d'un artiste qui a une abondante production. Parmi les romanciers francophones les plus prolifiques, on peut citer George Sand, Henri Troyat, Honoré de Balzac, Christian Jacq... la palme ou plutôt la plume revenant à Georges Simenon (plus de 360 romans !).

LE SAVIEZ-VOUS ?

Ryoki Inoue, auteur brésilien né sous le nom de José Carlos Ryoki de Alpoim Inoue en 1946, est estimé le plus prolifique au monde ! Il n'a débuté sa carrière d'écrivain qu'en 1986, mais il a écrit plus de 1099 livres publiés sous X pseudonymes. Des enquêtes policières aux romans historiques, Ryoki Inoue a touché à tous les genres littéraires. Sa production incroyable lui a, d'ailleurs, valu d'être reconnu par le Guinness Book des records, il y a quelques années.

SCORIE

(n.f.) désigne un fragment bulleux de lave éjecté lors des éruptions explosives, généralement de couleur noire et de composition basaltique. Au sens figuré, il s'agit d'une partie considérée comme mauvaise, inutile, sans valeur, d'un déchet : des scories dénaturent ce texte ; débarrasser quelque chose de ses scories.

Le terme peut être également synonyme de *impureté* : « Le guichet de cette porte, bouché par des scories semblables à celles que les restaurateurs inventent pour vieillir des bouteilles adultes » (*Le Cousin Pons*, H. de Balzac).

LE SAVIEZ-VOUS ?

J'ai découvert que les scories faisaient partie des *pyroclastites*, nom donné, selon Larousse, à toute projection volcanique. Suivant leurs diamètres, on distingue les cendres, les lapilli, les scories, les tufs volcaniques et les ignimbrites.

VÉNAL

(adj.) vient du latin *venalis* issu de *vendere*, « vendre ». Il qualifie ce qui peut s'acquérir par l'argent. La valeur vénale d'un bien est sa valeur estimée en argent. Le mot a pris par extension une nuance péjorative pour qualifier quelqu'un qui se laisse acheter au mépris de la morale. *Vénal* est alors synonyme de *mercantile, cupide, corrompu, corruptible* : un politicien vénal.

Attention ! On ne confondra pas *vénal* avec *véniel. Véniel* est un adjectif qui qualifie une faute légère, pardonnable. Personnellement, je suis parfaite, mais sachez qu'on oppose ainsi les péchés véniels aux péchés mortels.

PROPHYLACTIQUE

(adj. – grec **prophulaktikos,** *de* **prophulassein,** *« se prémunir de »)* signifie « qui préserve la santé de tout ce qui pourrait lui être nuisible ; préventif » : un traitement prophylactique.

« Votre pensée, dit le préfet, serait que, même s'il ne s'agissait pas de la peste, les mesures prophylactiques indiquées en temps de peste devraient cependant être appliquées. »

La Peste, A. Camus

LE SAVIEZ-VOUS ?

Les chapelles construites sur les chemins, à l'entrée d'un village, avaient un rôle prophylactique. Le saint qui y était vénéré était souvent un saint antipesteux, comme saint Roch, saint Sébastien ou encore, pour certains, saint Barthélemy.

À propos de Barthélemy, c'est le 24 août 1572 (jour dédié au saint) à Paris que les catholiques s'en sont pris aux protestants pour les décimer. Rien qu'à Paris, le nombre des victimes fut évalué à 4 000 personnes. Le « massacre de la Saint-Barthélemy » s'étendit ensuite au reste du pays. Le pouvoir royal fut directement accusé d'être l'instigateur des faits. Au XVIe siècle, les guerres de Religion opposaient les protestants aux catholiques qui voulaient éviter la propagation de ce culte qui menaçait l'autorité royale : une partie de la noblesse adhérant aux idéaux de la Réforme.

Cela se voulait-il « prophylactique » dans la tête des catholiques de l'époque ? Le traitement fut, en tout cas, radical.

SOLLICITUDE

(n.f. – latin* sollicitudo, *« trouble moral ») signifie « soins attentifs, affectueux à l'égard de quelqu'un » : être plein de sollicitude à l'égard d'une personne souffrante.

« Le soin excessif de sa toilette, des bottines de velours, une collerette de dentelles, le châle mis droit, tout attestait la sollicitude de Modeste pour sa mère. »

Modeste Mignon, H. de Balzac

Le contraire de la sollicitude est l'indifférence envers autrui. Il est urgent de prendre conscience que chacun est un maillon d'une chaîne. Si on ajoute LCI à « solitude », on obtient « solLiCItude ». (Faites passer l'info ! Je remercie d'avance la chaîne pour mon chèque !)

MANICHÉEN

(adj. – latin ecclésiastique* manichaeus, *de* Mani, *nom propre : la religion de Mani était fondée sur l'antagonisme du bien et du mal) a pour sens « qui apprécie les choses selon les principes absolus du bien et du mal, sans nuances » : une analyse manichéenne de la situation. Est manichéen celui qui a une manière de voir ou de juger simplificatrice, sans nuance, en termes opposés de bien et de mal.

« Le grand intellectuel est l'homme de la nuance, du degré, de la qualité, de la vérité en soi, de la complexité [...]. Or, les moyens de l'action sont manichéens parce que toute action est manichéenne. À l'état aigu dès qu'elle touche les masses ; mais même si elle ne les touche pas. Tout vrai révolutionnaire est un manichéen. »

L'Espoir, A. Malraux

PHILISTIN

(n.m. – de* Philistins*, nom propre) désigne une personne inculte ou bornée d'esprit fermé aux lettres, aux arts, aux nouveautés. On pourrait dire, selon les contextes, béotien*.

« Il est deux heures, et je pense qu'on joue Henriette Maréchal à Berlin, et je songe à la tête que font les philistins de l'endroit aux parisianismes du bal de l'Opéra. »

Journal, E. de Goncourt

LE SAVIEZ-VOUS ?

C'est ainsi qu'on surnommait celui qui n'appartenait pas à la confrérie des alpinistes (*Dictionnaire de la montagne,* J. Gautrat). Être au sommet autorise-t-il à prendre de haut la montagne à vaches ? Et si on prenait au contraire de la hauteur ?

* Voir Béotien page 20.

VELLÉITAIRE

(adj. et n.) veut dire « qui n'a que des intentions fugitives, qui est incapable de prendre des décisions et de passer aux actes ». Un peu en mode ado en quelque sorte : hésitant et versatile, mais pas forcément râleur...

« Ce que nous demandons est, pensons-nous, de nature à entraîner un consentement, un refus total et non à se payer de mots, à s'entretenir d'espoirs velléitaires. »

Second Manifeste du surréalisme, A. Breton

« Il lui est facile de prouver que je ne suis qu'un velléitaire, incapable de produire aucune œuvre ; facile, mais pas très honnête. »

Journal, A. Gide

Une particularité pour *velléitaire* ? Son masculin et son féminin sont identiques. C'est ce qu'on appelle un épicène, un mot qui a la même forme aux deux genres. À croire que *velléitaire* est tellement velléitaire qu'il n'a pas su trancher son genre !

PYGMALION

(n.m.) fait référence à la légende grecque de Pygmalion et Galatée. Pygmalion fut un sculpteur chypriote qui sculpta une statue si belle qu'il en tomba amoureux et émut Aphrodite. À tel point que la déesse de l'amour décida de la transformer en une femme vivante : Galatée. Cette histoire illustre la réalisation d'un rêve si l'on y croit suffisamment.

Aujourd'hui, un pygmalion est une personne amoureuse d'une autre, qui la conseille (et la façonne) pour la conduire au succès : jouer les pygmalions ; sa compagne fut son pygmalion.

LE SAVIEZ-VOUS ?

L'effet Pygmalion, appelé également « l'effet Rosenthal » du nom du psychologue qui l'a mis en évidence, est une prophétie autoréalisatrice. Elle provoque une amélioration des performances, en fonction du degré de croyance en sa réussite venant d'une autorité (parent, professeur...). Le simple fait de croire en la réussite de quelqu'un améliore grandement ses chances de succès. Malheureusement, l'effet inverse existe aussi (« effet Golem ») et se traduit par une performance moindre et des objectifs moins élevés sous l'effet d'un potentiel jugé limité.

RÉCURRENT

(adj. – latin* recurrens, -entis, *de* recurrere, *« revenir en arrière ») signifie en anatomie « qui remonte ou semble remonter vers son tronc d'origine en se ramifiant, au lieu de prolonger ce tronc ». On parle ainsi de veine ou d'artère récurrente. En médecine, une fièvre récurrente est une fièvre intermittente qui accompagne une maladie infectieuse. De façon générale, *récurrent* signifie « qui revient, qui se répète, se reproduit », un peu comme les impôts si vous voulez. C'est cyclique et périodique. Ou comme les poux des gamins à chaque rentrée scolaire et les élections, celles pour lesquelles on se demande désespérément pour qui voter, hésitant entre la peste et le choléra... Il doit, d'ailleurs, y avoir un lien, deux maladies récurrentes également !

Attention aux deux R ! D'autant qu'il n'y a aucun rapport avec le verbe *récurer* (nettoyer en frottant avec quelque chose de rugueux), si ce n'est qu'il faut récurer de façon récurrente. Néanmoins, heureusement pour nous, la récurrence ne précise pas la fréquence... Un siècle est récurrent tous les cent ans, par exemple.

VICISSITUDE

(n.m. surtout pl.) signifie « succession d'événements bons ou mauvais, et, en particulier, ensemble des événements malheureux qui affectent l'existence humaine » : les vicissitudes de la vie conjugale. Le synonyme le plus proche est *tribulations*. Ce que veut dire *tribulations* ? Le mot est expliqué page 27, mais vous l'avez peut-être sauté ou oublié. Cela fait partie des vicissitudes de la lecture !

« [...] Ce que l'on sait (ou que l'on croit savoir) de la vie des auteurs, [...] comme si les beautés de l'expression, l'accord délicieux, toujours... providentiel, de termes et de sons, étaient des effets assez naturels des vicissitudes charmantes ou pathétiques d'une existence. »

Variété III, P. Valéry

LABILE

(adj. – latin* labilis, *de* labi, *« glisser ») signifie « qui est susceptible de subir des modifications, de se transformer ». Cela se dit de ce qui est fragile, peu stable : système labile ; graisses labiles.

En botanique, le sens est « qui se détache et tombe facilement » : pétales labiles. Au figuré, *labile* signifie « enclin à se dérober, à disparaître » : « Je vois avec douleur ma mémoire devenir infidèle, lacunière, labile » (*Journal intime*, H.-F. Amiel).

Enfin, en psychologie, la labilité caractérise une humeur changeante : la moindre petite émotion engendre une réaction difficilement contrôlable. On parle ainsi de « labilité émotionnelle » ou de « labilité affective ».

ROBORATIF

(adj.), souvent interprété négativement, est en réalité tout à fait positif. Il a pour sens « qui revigore, redonne des forces » : un plat roboratif.

« Pour des greffes particulièrement délicates, [le jardinier] […] accordait à la salive humaine un pouvoir roboratif. »

Gigi, Colette

Le mot *roboratif* a été construit à partir du verbe disparu *roborer* qui signifiait « renforcer ». *Roborer* vient du latin *robur* qui désigne le rouvre (sorte de chêne dont le bois est particulièrement résistant et… robuste). Vous vous souvenez peut-être de Robur, dit « Robur-le-Conquérant », le héros éponyme* de Jules Verne. Cet ingénieur est l'inventeur de l'*Albatros*, une surprenante machine volante. Sa description physique correspond à celle d'une force de la nature :

« Une taille moyenne, avec une carrure géométrique, – ce que serait un trapèze régulier, dont le plus grand des côtés parallèles était formé par la ligne des épaules. Sur cette ligne, rattachée par un cou robuste, une énorme tête sphéroïdale. »

* Voir Éponyme page 117.

PANDÉMIE

(n.f.). Selon Larousse, une épidémie est « une atteinte simultanée d'un grand nombre de personnes par une maladie contagieuse ». En revanche, on parle de pandémie en cas de propagation mondiale d'une nouvelle maladie.

Certains virus qui ont provoqué des pandémies dans le passé avaient pour origine des virus grippaux de l'animal. Si on prend l'exemple de la grippe saisonnière, il n'est pas toujours aisé de faire la part des choses, car, par certains aspects, les pandémies grippales peuvent lui ressembler. Néanmoins, la plupart des cas graves dus à la grippe pandémique A(H1N1) surviennent aussi bien chez des gens jeunes en bonne santé que chez ceux qui souffrent de maladies chroniques. Enfin, la gravité tend à être plus élevée en cas de pandémie, en partie à cause de la proportion plus importante de la population dépourvue de toute immunité préexistante au virus.

LE SAVIEZ-VOUS ?

L'anagramme de *pandémie* est *pédimane* (du latin *pes, pedis*, « pieds » et *manus*, « main »). Les pédimanes sont des mammifères qui ont les pouces des pieds écartés des autres doigts (comme l'opossum).

ARÉOPAGE

(n.m.) vient du grec *Areios pagos*, « colline d'Arès ». On nomme ainsi le conseil et tribunal d'Athènes qui siégeait sur cette colline, réputé pour sa compétence, son intégrité et sa sagesse. Arès, quant à lui, est le dieu de la Guerre, de la Brutalité et de la Destruction. Traditionnellement, les Grecs interprétaient son nom comme un dérivé du mot *tueur*. Ses épithètes laissant peu de doute sur sa sympathique personnalité : « buveur de sang, porteur de dépouilles, fléau des hommes ». Aujourd'hui, par extension, un *aréopage* évoque une assemblée de personnes particulièrement compétentes dans leur domaine : un aréopage de chirurgiens orthopédistes.

Sous ses airs sympas, ce mot est néanmoins particulièrement traître, car on se trompe souvent sur la place du R : *a-Ré-o-page*, et non *aéropage* ! Comment s'en souvenir quand on est tête en l'air et nez au vent ? Parce que c'est vous, je veux bien vous donner mon moyen mnémotechnique maison : je pense au mot *aérophagie*. Autant j'imagine facilement Arès, armé de sa lance, partant à pleins gaz au combat, autant j'ai du mal à me représenter le dieu de la guerre posant gentiment sa lance pour avaler ses trois gélules de charbon actif quotidiennes ! Je me rappelle alors qu'il s'agit forcément d'*aréopage* et non d'*aéropage*.

SOPHISME

(n.m.) désigne un raisonnement ayant l'apparence de la vérité, mais en réalité souvent faux. Il est avancé le plus souvent avec mauvaise foi pour faire illusion.

« Probe autant qu'une fleur née au fond d'une forêt est délicate, elle ne connaissait ni les maximes du monde, ni ses raisonnements captieux, ni ses sophismes. »

***Eugénie Grandet*, H. de Balzac**

LE SAVIEZ-VOUS ?

Les sophistes, orateurs de la Grèce antique contre lesquels la philosophie s'est en partie développée, avaient pour seul objectif l'efficacité persuasive, et non la vérité. C'est Platon qui a popularisé le mot par ses *Dialogues*, dans lesquels Socrate discute fréquemment avec des sophistes pour démasquer leurs faux raisonnements.

UBUESQUE

(adj.) est un terme péjoratif employé pour décrire une situation invraisemblable, d'une absurdité comique : une situation ubuesque. L'adjectif fait référence au père Ubu créé par Alfred Jarry à la fin du XIXe siècle. Le père Ubu est un personnage grotesque faisant parfois preuve de cruauté, de cynisme, d'excès dans ses décisions et ses jugements. Quand on parle d'une décision ubuesque, cela signifie « digne du père Ubu ».

LE SAVIEZ-VOUS ?

Le suffixe -esque qui a servi à former le mot *ubuesque* a un sens proche de « à la manière de ». On le retrouve dans quelques mots comme *romanesque, rocambolesque, dantesque, éléphantesque, titanesque*...

PLATONIQUE

(adj.). Comment ne pas tomber en amour devant ce mot qui sonne comme « plat tonique » !?* On imagine tout de suite quelque chose de roboratif** ! *Platonique* se dit d'un amour idéal, d'une passion pure de toute sensualité. C'est opposer le chaste et l'éthéré au charnel et au sensuel. Au figuré, il signifie « théorique, formel, sans effet réel » : une protestation platonique.

LE SAVIEZ-VOUS ?

L'expression *amour platonique* fait référence au philosophe Platon pour qui des qualités sont aimées chez une personne, et non la personne elle-même.

* Non, je ne suis pas québécoise, mais j'aime particulièrement cette expression.

** Voir Roboratif page 159.

TRUISME

(n.m. – anglais* truism, *de* true, *« vrai ») s'applique à une vérité banale, si évidente qu'elle ne mériterait pas d'être énoncée. En France, on parle également de lapalissade ou de vérité de La Palice pour une affirmation ridicule énonçant une évidence perceptible immédiatement : « Le vainqueur a remporté la victoire », « Le jour de sa mort a été le dernier jour de sa vie ».

Pour la petite histoire : Jacques de Chabanne, seigneur La Palice, est né vers 1470. Il était maréchal de France lorsqu'en 1525, alors qu'il participait en Italie au siège de Pavie en compagnie de François Ier, il trouva la mort. Certains de ses soldats lui dédièrent une chanson dont des vers disaient « un quart d'heure avant sa mort il faisait encore *envie* ». Mais en l'absence de traces écrites, ces vers devinrent « un quart d'heure avant sa mort, il était encore en vie ».

LE SAVIEZ-VOUS ?

Truismes est un roman de Marie Darrieussecq, dont l'intrigue se noue autour de la métamorphose progressive de la narratrice en truie ! Elle grossit, se découvre une aversion pour la charcuterie, se voit pousser des seins surnuméraires, et finit, bien obligée, par quitter la parfumerie dont elle était l'hôtesse très spéciale. Dans une veine semi-fantastique, une critique de la politique et du statut d'une femme dans la société émerge du récit.

PROTÉIFORME

(adj.) signifie « qui peut prendre les formes les plus variées, qui se présente sous des aspects très divers ». Son synonyme est *protéen*, dérivé également du nom Protée. Dans la mythologie grecque, Protée est une divinité marine, mentionnée en particulier par Homère dans l'*Odyssée* comme le « Vieillard de la Mer » et gardien des troupeaux de phoques de Poséidon. Il est doté du don de prophétie et du pouvoir de se métamorphoser. On parle souvent d'une œuvre, d'un univers, d'un écrivain protéiforme.

« [L'enfant] se transforme le plus souvent en grande personne et il devient à son gré un général, un médecin ou un empereur ; mais il peut être aussi bien, car il est protéiforme, chien, cheval, oiseau. »

Le Bovarysme, J. de Gaultier

Le substantif *protée* existe et qualifie un individu qui change facilement d'aspect, d'humeur, d'opinion, qui joue toutes sortes de personnages. Un caméléon en quelque sorte.

LE SAVIEZ-VOUS ?

Vous vous souvenez peut-être de l'émouvant film de David Lynch, *Elephant Man* (1980), racontant la vie de Joseph Merrick, qui, dans l'Angleterre victorienne, fut honteusement exhibé pour faire frissonner le bon peuple face à sa difformité extrême. Ce Britannique né en 1862 était atteint du « syndrome de Protée », une maladie génétique affectant la croissance des tissus et provoquant de graves déformations.

NÉOPHYTE

(adj. – latin ecclésiastique* neophytus, *du grec* neophutos, *« nouveau converti ») s'emploie, initialement, pour un chrétien nouvellement baptisé :

« [Le baptême] devait être suivi de la collation des dons du Saint-Esprit, laquelle se faisait au moyen d'une prière prononcée par les apôtres sur la tête du néophyte. »

Les Apôtres, E. Renan

Par extension, le néophyte est un nouvel adepte ou un novice dans un domaine précis : ce coureur néophyte devrait prendre conseil auprès d'un coureur vétéran.

LE SAVIEZ-VOUS ?

Il y a une différence entre être « néophyte en la matière » et être « béotien* en la matière ». Le néophyte est un débutant qui, en toute logique, va progresser, le béotien est ignorant et n'a pas spécialement envie d'en savoir plus.

* Voir Béotien page 20.

SUPERFÉTATOIRE

(adj.) se dit de ce qui s'ajoute inutilement à quelque chose : une explication superfétatoire. *Superfétatoire*, ce terme ne l'est pas justement, contrairement à son synonyme *superfétatif*, qui est carrément un *hapax* (mot qui n'a qu'une seule occurrence attestée, en l'occurrence chez Huysmans, *Là-bas*) ! En réalité, des mots inconnus qui ne resserviront jamais s'inventent tous les jours, sauf qu'il y a rarement de lexicologue sur place pour constater lesdits hapax. Pour revenir à nos moutons, savoir que *superfétatif* est un hapax étant particulièrement superfétatif, je vous encourage à oublier *superfétatif* d'une part et *hapax* d'autre part, mais pas *superfétatoire*, qui est nettement plus utile et courant.

TACITURNE

(adj. et n. – du latin* taciturnus*, dérivé de* tacere*, « taire »), malgré sa sonorité, n'a aucun lien avec le mot *turne* (alsacien *türn*, « prison »), désignant la chambre d'étudiant en argot scolaire. Il signifie « qui, par tempérament, parle peu ; laconique* ». Le taciturne est le contraire d'un expansif, un taiseux comme disent les Belges : « Il dut renoncer à obtenir de ce taciturne le beau récit de bataille qu'on attendait à la Bourdette » (Vogüé). Par extension, l'adjectif prend le sens de « qui, en certaines circonstances, refuse de parler » : devant ces reproches, l'enfant décida de rester taciturne.

LE SAVIEZ-VOUS ?

« Le Taciturne » se dit de Guillaume Ier, prince d'Orange, fondateur de l'indépendance des Provinces-Unies.

* Voir Laconique page 102.

RÉSILIENCE

(n.f. – anglais **resilience** ***« rebondissement »)*** est, à l'origine, un terme utilisé en physique pour caractériser la résistance aux chocs d'un matériau. Par extension, on l'a adopté pour désigner l'aptitude à rebondir ou à subir des chocs sans être détruit.

En psychologie, la *résilience* qualifie la capacité à surmonter les traumatismes, les épreuves de la vie, à rebondir et à en sortir grandi. Le terme désigne le retour à l'état initial d'un élément déformé. Les psychiatres américains spécialisés dans la petite enfance ont adopté le mot dans les années 1990. Il a ensuite été popularisé en France par le neuropsychiatre Boris Cyrulnik à la suite de son ouvrage *Un merveilleux malheur*. Il considère la résilience comme « l'art de naviguer dans les torrents ». Les personnes résilientes refusent leur rôle de victime passive, ont des rêves fous et de l'humour. Ces blessés de l'âme ont réussi à transformer leur souffrance en une incroyable rage de vivre.

« On s'est toujours émerveillé devant ces enfants qui ont su triompher d'épreuves immenses et se faire une vie d'homme, malgré tout. Le malheur n'est jamais pur, pas plus que le bonheur. Un mot permet d'organiser notre manière de comprendre le mystère de ceux qui s'en sont sortis. C'est celui de résilience, qui désigne la capacité à réussir, à vivre, à se développer en dépit de l'adversité. »

B. Cyrulnik

CÉLADON

est à la fois nom propre, nom commun et adjectif invariable. Le substantif provient de *L'Astrée* d'Honoré d'Urfé (1607) dans lequel Céladon, amant délicat et passionné, porte un costume de berger agrémenté de rubans verts. Familièrement et avec ironie, un céladon est un amant délicat et langoureux. Ses synonymes, tout aussi désuets, sont *damoiseau, galant, godelureau, sigisbée, soupirant*, ou encore le ravissant... *tourtereau* !

En tant qu'adjectif de couleur, on l'utilise pour parler d'un « vert pâle tirant sur la couleur du saule ou de la feuille de pêcher ». Toujours en référence à cette teinte, le nom désigne également un type de céramique propre à la Chine et à l'Extrême-Orient. Ces céramiques utilisent en effet une glaçure verte translucide. Le céladon est particulièrement apprécié en Asie, car il permet d'obtenir la couleur du jade, la pierre sacrée.

ATTENTION À L'ADJECTIF ET À SON ACCORD !

Céladon adjectif de couleur est invariable, car il dérive d'un nom propre : des vases *céladon*. Le cas m'évoque un autre cas d'adjectif de couleur dérivé, lui aussi, d'un nom propre : *magenta* ! Le nom du colorant rouge violacé a été donné en hommage à la bataille de Magenta remportée par Napoléon III contre les Autrichiens durant la campagne d'Italie (4 juin 1859). Ce nom a été choisi parce que ledit colorant a été découvert peu après la bataille éponyme*.

* Voir Éponyme page 117.

JACOBIN

(n.m. et adj.), employé en tant que substantif masculin, désigne un membre d'un club politique révolutionnaire qui se signalait par des idées démocratiques avancées d'une extrême intransigeance. Il est aussi décliné comme adjectif : « Je hais comme vous la prêtraille jacobine, Robespierre et ses fils que je connais pour les avoir lus et fréquentés » (*Correspondance*, G. Flaubert).

Par extension et par référence à la position des Jacobins de la Convention hostiles aux idées fédéralistes des Girondins, un jacobin est un démocrate intransigeant, un homme politique hostile à toute idée de démembrement et d'affaiblissement de l'État :

« Mon frère m'a fait la réputation d'un jacobin, d'un homme sans foi ni loi, capable de tout »

La Chartreuse de Parme, Stendhal

On l'utilise aussi en parlant d'une personne ardente à soutenir des idées démocratiques et centralisatrices. Aujourd'hui, un jacobin est un centralisateur parisien.

LE SAVIEZ-VOUS ?

Le club des Jacobins tient son nom du couvent des jacobins de la rue Saint-Honoré (collège des Jacobins) où il s'est installé en 1789, dans une salle louée par le couvent de l'Annonciation, fondé entre 1611 et 1613 par Sébastien Michaëlis comme extension du couvent des jacobins de la rue Saint-Jacques (*Jacobus*, en latin). Robespierre fut l'une des figures de proue du club des Jacobins.

LUNATIQUE

(adj. – bas latin* lunaticus*, « soumis à l'influence de la lune ») qualifie une personne dont l'humeur, les dispositions à l'égard des autres changent trop souvent. Les synonymes sont *fantasque, instable, versatile* et les contraires *constant, égal, persévérant.*

À l'origine, le mot signifiait « fou », comme en anglais, mais le français, en évoluant, a abandonné ce sens pour ne retenir que celui de « bizarre, fantasque », alors qu'en anglais, le mot d'origine normande est resté figé dans son sens initial de *lunatic*, « fou, cinglé, dingue ». Pour les anglo-saxons, *lunatique* se traduit selon les contextes par *moody* ou *temperamental.*

VOLUBILE

(adj. – latin* volubilis*, « qui tourne ») signifie « qui parle avec abondance et aisance, très vite ». Les synonymes les plus courants sont *babillard, bavard, loquace et prolixe**. L'adjectif se dit également d'une plante dont la tige s'enroule autour des objets voisins, telle que le liseron, le houblon, la glycine. Des tiges volubiles sont des tiges trop frêles pour se soutenir sans aide et sans appui. Ainsi, le *volubilis* est le nom usuel de la patate douce lorsqu'elle est cultivée pour ses fleurs, qui rappellent celles du liseron.

Ne confondons pas la *volubilité de la langue* (la facilité de la langue à se mouvoir de çà et de là) et la *volubilité de langue* d'une personne prolixe !

* Voir Prolixe page 13.

MAÏEUTICIEN

(n. m.) est un néologisme, un mot nouvellement créé, emprunté au grec maieutikos, « qui sait accoucher les femmes ». Ce terme s'applique aux hommes exerçant la profession de sage-femme (en Louisiane et à La Réunion, on dit « une femme-sage », de sage, « instruit », et femme).

Il est apparu dans les années 1980, quand il a fallu déféminiser le métier de sage-femme. Il faut savoir que la profession de sage-femme n'a été ouverte aux hommes, en France, qu'en 1982, à la suite d'une directive européenne qui portait sur la non-discrimination sexuée dans toutes les professions. Avant cette date, l'accès à la formation ne leur était pas autorisée et il fallait être de sexe féminin pour se présenter au concours d'entrée à l'École des Sages-femmes.

On entend parfois différentes appellations, tels « un sage-homme » ou encore « un homme sage-femme », mais l'Académie française a préféré donner naissance à cet hellénisme savant.

LE SAVIEZ-VOUS ?

Socrate, dont la mère, Phénarète, était sage-femme, a placé la maïeutique au centre de sa philosophie. Il s'agit, par le biais de questionnements, de l'art d'accoucher les esprits, de leur faire « enfanter » la vérité.

RÉMINISCENCE

(n.f. – bas latin* reminiscentia*, du latin classique* reminisci*, « se souvenir »). Je savais bien que j'avais oublié de traiter un mot ! Le voilà ! Une réminiscence est un retour à la conscience de souvenirs flous ou incomplets, difficiles à localiser : avoir de vagues réminiscences d'un événement ; la réminiscence du passé…

« On dirait très bien de quelqu'un dont la tête faiblit […] : "Il n'a que des réminiscences, il n'a plus de souvenirs". La réminiscence est, en un mot, un réveil fortuit de traces anciennes dont l'esprit n'a pas la conscience nette et distincte. »

Nouveaux lundis, Ch.-A. Sainte-Beuve

INDEX